Veronika Sager

Zwischen Sinnlichkeit und Grauen

CW01064627

Veronika Sager

Zwischen Sinnlichkeit und Grauen

Zur Dialektik des Geniegedankens in Patrick Süskinds
„Das Parfum" und Tom Tykwers Verfilmung

Tectum Verlag

Veronika Sager

Zwischen Sinnlichkeit und Grauen.
Zur Dialektik des Geniegedankens in Patrick Süskinds
„Das Parfum" und Tom Tykwers Verfilmung
ISBN: 978-3-8288-2313-6
Umschlagabbildung: Félicien Joseph Victor Rops – „Die kalten Teufel"
(1860)

© Tectum Verlag Marburg, 2010

Besuchen Sie uns im Internet
www.tectum-verlag.de

Bibliografische Informationen der Deutschen Nationalbibliothek
Die Deutsche Nationalbibliothek verzeichnet diese Publikation in der
Deutschen Nationalbibliografie; detaillierte bibliografische Angaben sind
im Internet über http://dnb.ddb.de abrufbar.

Danksagung

Zur Entstehung dieses Buches haben viele Menschen beigetragen, die an dieser Stelle nicht unerwähnt bleiben sollen. Für konzeptionelle Kritik, Korrekturarbeiten, technische, seelische und sonstige Unterstützung möchte ich mich deshalb besonders bei Prof. Dr. Gottfried Willems, Prof. Dr. Lambert Wiesing, Dr. Thomas Berger, Dr. Jens Bonnemann, Franz-Christoph Dotzler, Johannes Mücke, Korbinian Sager sowie meinen Eltern bedanken.

Hamburg im Januar 2010,

Veronika Maria Sager

Inhaltsverzeichnis

1. Einleitung

Patrick Süskinds 1985 erschienener Roman „Das Parfum. Die Geschichte eines Mörders." wurde weltweit über 16 Millionen mal verkauft, bis heute in 47 Sprache übersetzt und ist damit *der* internationale Bestseller der deutschen Nachkriegsliteratur. Die gleichnamige Verfilmung unter der Regie von Tom Tykwer aus dem Jahr 2006 macht das auch über zwanzig Jahre später noch ungebrochene Interesse an dem außergewöhnlichen Stoff deutlich. Das Faszinosum der Erzählung von dem Geruchsgenie Jean-Baptiste Grenouille besteht dabei ganz offensichtlich in der Thematisierung eines im Laufe der Geschichte zunehmend vernachlässigten Sinnes. Dass es sich hierbei aber keineswegs nur um eine publikumswirksame Idee, sondern vielmehr um eine strategische Interpretation des Geniekonzepts als kulturelle Größe handelt, soll Gegenstand der folgenden Ausführungen sein. Die vorliegende Arbeit will sich dem Roman deshalb unter dem Gesichtspunkt des Geniegedankens als Kernthema nähern und die Konsequenzen untersuchen, die sich aus der Verschränkung mit dem Geruchssinn für dessen Verständnis ergeben. Die filmische Adaption soll als wichtiges Rezeptionsdokument vergleichend betrachtet werden, wobei bezüglich des Romans auf Einzelerkenntnisse zahlreicher Forschungsbeiträge aufgebaut werden kann, während mit der wissenschaftlichen Analyse der Verfilmung Neuland betreten wird.

Die Figur des olfaktorischen Genies Grenouille ist kaum etwas um ihrer selbst willen, sondern ist nur im Dialog mit Wertsetzungen aus Geschichte und Literaturgeschichte zu verstehen, wobei die Verbindung von Genie und Geruchssinn die entscheidenden Akzente setzt. Ein kurzer Abriss zu Entstehung, Prägung und Geschichte des Geniegedankens soll deshalb zunächst eine Basis für die weitere Auseinandersetzung mit „Das Parfum" schaffen. Das Zentrum der nachfolgenden Romaninterpretation bildet die Überlegung, dass Süskind das Genie als dialektisches, d.h. in sich widersprüchliches und darin gefährliches Konzept vorführt. Indem er Klischees und Konnotationen, die traditionellerweise mit dem Geruchssinn in Verbindung gebracht werden, bewusst aufruft, schafft er mit dem olfaktorischen Genie eine Kippfigur,[1] die die wesentli-

---

[1] Kippfiguren bezeichnen in der Wahrnehmungspsychologie „Wahrnehmungsobjekte, deren Bedeutung beim Betrachten ‚kippt'" (Lexikon der Psychologie in fünf Bänden. Hrsg. von Gerd Wenninger. Bd. 2. Heidelberg: Spektrum 2001. S. 334.). Es handelt sich dabei meist um deutungsambivalente visuelle Vorlagen, die sich auf unterschiedliche Weisen organisieren lassen und keine stabile Interpretation ermöglichen, da die Wahrnehmung nach einiger Betrachtungszeit in eine andere Deutungsalternative umspringt. Ein bekanntes Beispiel ist

chen Konstituenten des zugrunde liegenden Konstrukts „Genie" – Naturnähe, Innerlichkeitskult und Autonomiebewusstsein – in gesteigerter Form in sich vereint und gleichzeitig jeweils in das destruktive Gegenteil umschlagen lässt. Auf einer allgemeineren Ebene wird damit das geniehafte Streben nach Authentizität auf der einen und Totalität auf der anderen Seite unterminiert, was sich, wie in einem weiteren Punkt zu zeigen sein wird, auch in der formalen Organisation des Romans widerspiegelt.

Die Verfilmung durch Erfolgsregisseur Tom Tykwer soll schließlich im Kontext der übergeordneten Thematik des Geniegedankens und auf Basis der zur Vorlage gewonnenen Erkenntnisse analysiert werden, wobei in erster Linie zu untersuchen ist, inwiefern sich die medialen Bedingungen des Films sowie vorgenommene inhaltliche Umdeutungen auf die spezifische Interpretation des Geniekonzepts auswirken. Es wird dabei die These vertreten, dass die Adaption, indem sie versucht, sinnliche Unmittelbarkeit zu schaffen und das destruierte Genie zu rehabilitieren, die Unterminierung von Authentizitätspostulat und Totalitätsstreben rückgängig macht. In dieser Arbeit geht es folglich dezidiert nicht um die allgemeine Übersetzungsproblematik im Rahmen von Literaturverfilmungen oder gar einen theoretischen Entwurf zum Medienwechsel, sondern um die Beantwortung der konkreten Fragestellung, welchen Beitrag zur Geniethematik die beiden Inszenierungen der Geschichte vom Geruchsgenie in ihrem jeweiligen Einsatz inhaltlicher und formalmedialer Strategien leisten.

Ein anschließender Exkurs zum akustisch-musikalischen Pendant des olfaktorischen Genies in Robert Schneiders Roman „Schlafes Bruder" (1992) und Joseph Vilsmaiers gleichnamiger Verfilmung (1995) soll das breitere Themenfeld der Verschränkung von Geniekonzept und spezifischer Sinnlichkeit in der deutschsprachigen Gegenwartskultur abrunden.

---

das Bild, das je nach Sichtweise eine junge oder eine alte Frau zeigt. (Vgl. Kebeck, Günther: Wahrnehmung. Theorien, Methoden und Forschungsergebnisse der Wahrnehmungspsychologie. 2. Aufl. Weinheim: Juventa 1997 (= Grundtexte Psychologie). S. 169f.) Wie noch zu zeigen sein wird, stellt das Genie – und das Geruchsgenie im Speziellen – im übertragenen Sinn ebenfalls eine solche Kippfigur dar, die unterschiedliche Deutungsweisen in sich vereint. Als dialektisch kann sie deshalb bezeichnet werden, weil diese Bedeutungen in einem inneren Widerspruch zueinander stehen und sich nicht nur gegenseitig ausschließen, sondern einander vielmehr konträr gegenüberstehen.

2.   Die Tradition des Geniegedankens

2.1   Entstehung des Geniegedankens im 18. Jahrhundert

2.1.1 Das Genie als Emanzipationsausdruck

Um die spezifische Bedeutung des Duftgenies in „Das Parfum" adäquat erfassen zu können, ist ein Blick auf die Genese und Geschichte des Geniegedankens als Basis unerlässlich. Das Genie, ganz allgemein definiert als „Mensch [...] von singulärer intellektueller bzw. künstlerischer Begabung",[2] ist im engeren Sinne und der bis heute maßgeblichen speziellen Ausprägung ein Produkt des 18. Jahrhunderts, wobei meist eine besondere Fokussierung auf die Epoche des Sturm und Drang vorgenommen wird.[3] Jochen Schmidt etwa, dessen zweibändige Monographie zur Geschichte des Geniegedankens als Standardwerk gilt, bezeichnet die Jahre 1760-1775 als die ursprüngliche „Geniezeit".[4] Es ist dabei gerade für die in dieser Arbeit verfolgte Fragestellung wichtig, das Konzept des Genies mit seinen zentralen Attributen, die Originalität, Schöpferkraft, Spontaneität, Ablehnung überlieferter Regeln, Subjektivität, Individualität, gesteigerte Empfindungsfähigkeit, Nähe zur Natur und dergleichen Bestimmungen mehr umfassen, aus seiner geschichtlichen Situation heraus und damit als Ausdruck eines umfassenden Emanzipationsstrebens zu verstehen.[5] Das 18. Jahrhundert ist als das Jahrhundert der Aufklärung, deren Definition als „Ausgang des Menschen aus seiner selbstverschuldeten Unmündigkeit"[6] berühmt geworden ist, das Zeitalter des bürgerlichen Strebens nach Autonomie von überkommenen

---

2   Weimar, Klaus: Genie. In: Reallexikon der deutschen Literaturwissenschaft. Neubearbeitung des Reallexikons der Literaturgeschichte. Hrsg. von Klaus Weimar, Harald Fricke, u.a. Bd. I. 3. Aufl. Berlin: de Gruyter 1997. S. 701.

3   Vgl. Sauder, Gerhard: Geniekult im Sturm und Drang. In: Hansers Sozialgeschichte der deutschen Literatur vom 16. Jahrhundert bis zur Gegenwart. Hrsg. von Rolf Grimminger. Bd. 3: Deutsche Aufklärung bis zur Französischen Revolution 1680-1789. München: Hanser 1980. S. 327ff.

4   Vgl. Schmidt, Jochen: Die Geschichte des Genie-Gedankens in der deutschen Literatur, Philosophie und Politik 1750-1945. Bd. 1: Von der Aufklärung bis zum Idealismus. 3. verb. Aufl. Heidelberg: Winter 2004 (= Beiträge zur neueren Literaturgeschichte 210). S. 1.

5   Vgl. ebd. S. 119.

6   Kant, Immanuel: Beantwortung der Frage: Was ist Aufklärung? In: Immanuel Kant. Werke in sechs Bänden. Hrsg. Von Wilhelm Weischedel. Bd. VI: Schriften zur Anthropologie, Geschichtsphilosophie, Politik und Pädagogik. Darmstadt: Wissenschaftliche Buchgesellschaft 1998. S. 53.

religiösen und gesellschaftlichen Autoritäten. Und genau hier sind die Wurzeln des Geniegedankens zu suchen:

> Die Genie-Proklamationen, in denen die literaturästhetische Entwicklung des 18. Jahrhunderts gipfelt, sind Manifestationen des unabhängig gewordenen, [...] auf seine eigenen produktiven Energien stolzen bürgerlichen Menschen, der keine andere Autorität mehr anerkennt.[7]

Einzelne Elemente des aufklärerischen Gedankenguts wie das Streben nach Selbstbestimmung, die Aufwertung des Menschen als unverwechselbares Subjekt, Säkularisierung, Empfindsamkeit, Empirismus und Sensualismus verdichten sich in gesteigerter Weise in der Konzeption des genialen Individuums. Gerade die letztgenannten Aspekte, also das im Zusammenhang mit dem wissenschaftlichen Fortschritt zunehmende Interesse für die menschlichen Wahrnehmungsorgane[8] und die Aufwertung der auf sinnlicher Erfahrung basierenden Erkenntnis[9] bezeichnen Tendenzen der Aufklärung, die in intensivierter Form tragende Elemente des Geniegedankens darstellen. Es wäre deshalb verfehlt, die Aufklärung als einseitigen Rationalismus und im gleichen Zuge das Sturm-und-Drang-Genie als gegenaufklärerischen Impuls zu verstehen. Vielmehr ist dieses mit seiner Betonung von Phantasie, Autonomie, Individualität, sinnlicher Erfahrung und rousseauistischer Naturnähe zunächst ein genuiner Ausdruck aufklärerischen Emanzipationsstrebens, der freilich gewisse Tendenzen desselben absolut setzt – worin wiederum, wie noch zu zeigen sein wird, dialektisches Potenzial angelegt ist.

Unter den Schlüsseltexten, die die Konzeption des Genies im 18. Jahrhundert maßgeblich geprägt haben, nehmen die Hymnen des jungen Goethe, allen voran „Prometheus", eine zentrale Stellung ein.[10] Der selbstbewusste Götterverächter avanciert zu *der* Genie-Figur des Sturm und Drang und sein Ausruf „Hast du's nicht alles selbst vollendet/Heilig glühend Herz"[11] zu *der* Formel für das autonome Subjekt.

---

7   Schmidt, J.: Geschichte des Genie-Gedankens I. S. 4.

8   Vgl. Neumann, Gerhard: Patrick Süskind: „Das Parfum". Kulturkrise und Bildungsroman. In: Signaturen der Gegenwartsliteratur. Festschrift für Walter Hinderer. Hrsg. von Dieter Borchmeyer. Würzburg: Königshausen & Neumann 1999. S. 188.

9   Vgl. Sauder, Gehard: Empfindsamkeit. Bd. 1: Voraussetzungen und Elemente. Stuttgart: Metzler 1974. S. 68.

10   Vgl. Bertram, Georg: Philosophie des Sturm und Drang. Eine Konstitution der Moderne. München: Fink 2000. S. 220.

11   Goethe, Johann Wolfgang von: Prometheus. In: Johann Wolfgang Goethe. Sämtliche Werke. Briefe, Tagebücher und Gespräche. Vierzig Bände. Hrsg. von

Darüber hinaus werden in jenen Texten die wesentlichen Attribute des Geniekonzepts, die auch dieser Arbeit als Grundlage dienen sollen, gebündelt formuliert:

> In den Hymnen des jungen Goethe finden die Grundideen der Genie-Bewegung ihren gültigen Ausdruck: der fundamentale Bezug des Genies zur spinozistisch verstandenen schöpferischen Allnatur, die Autonomie-Erklärung des ganz auf seine eigene Produktivkraft vertrauenden Menschen, sein Originalitätsbewußtsein, seine Wendung nach innen: zur Sphäre elementarer Gefühle.[12]

Unter einem Genie in ursprünglicher Prägung wird im Folgenden also ein nach Autonomie von transzendenten oder anderweitigen Autoritäten strebendes Subjekt verstanden, das sich durch einen besonderen Bezug zur pantheistisch beseelten Natur auszeichnet und aus seiner originalen innerlichen Empfindung heraus schöpferisch tätig wird.

Ein Blick auf andere zentrale Schriften aus der Geniezeit bestätigt die grundlegende Bedeutung der drei als wesentlich identifizierten Konstituenten des Geniekonzepts. Die besondere Empfindsamkeit als Basis des Genies wird unter anderem bei dem Zeitgenossen Sulzer nachdrücklich betont: „[...] die aber, deren Empfindungen herrschend worden, sind die eigentlichen Genies jeder Art."[13] Auch in Goethes bekanntem Aufsatz „Von deutscher Baukunst" wird die Bedeutung der authentischen Innerlichkeit für das geniale Schaffen herausgestellt:

> Wenn sie [die Kunst des Genies] aus inniger, einiger, eigner, selbstständiger Empfindung um sich wirkt, unbekümmert, ja unwissend alles Fremden, da mag sie aus rauher Wildheit, oder aus gebildeter Empfindsamkeit geboren werden, sie ist ganz und lebendig.[14]

Der subjektiv-individuelle Absolutheitsanspruch des aus authentisch empfundener Leidenschaft schöpferischen Genies führt dabei zu einer

---

Hendrik Birus, Dieter Borchmeyer u.a. I. Abteilung: Sämtliche Werke. Bd. 1: Gedichte 1756-1799. Hrsg. von Karl Eibl. Frankfurt a. M.: Deutscher Klassiker Verlag 1987 (= Bibliothek deutscher Klassiker 18). S. 204. V. 33f.

12   Schmidt, J.: Die Geschichte des Genie-Gedankens I. S. 196.

13   Sulzer, Georg Johann: Allgemeine Theorie der schönen Künste. Bd. 2. 2. unveränd. Nachdr. d. Ausg. Leipzig 1792. Hildesheim: Olms 1994. S. 305.

14   Goethe, Johann Wolfgang von: Von deutscher Baukunst. In: Johann Wolfgang Goethe. Sämtliche Werke. Briefe, Tagebücher und Gespräche. Vierzig Bände. Hrsg. von Hendrik Birus, Dieter Borchmeyer u.a. I. Abteilung: Sämtliche Werke. Bd. 18: Ästhetische Schriften 1771-1805. Hrsg. von Friedmar Apel. Frankfurt a. M.: Deutscher Klassiker Verlag 1998 (= Bibliothek deutscher Klassiker 151). S. 117.

radikalen Verinnerlichung jenseits aller normativen Verbindlichkeiten, wie Schmidt ausführt:

> Denn zum Programm der Genie-Ästhetik gehört die Hinwendung zum „Charakteristischen", Individuellen. [...] Man wollte die Subjektivität und Autonomie des Genies pointieren, das ausschließlich aus *seinem* Wahrnehmungs- und Empfindungshorizont heraus schafft, ohne Rücksicht auf Allgemeinverständlichkeit.[15]

In dieser Verabsolutierung der eigenen Innerlichkeit kommt mit der Autonomie des schöpferischen Menschen der wohl wichtigste Aspekt des Geniegedankens ins Spiel. Die Originalität der von Vorbildern und Regeln losgelösten, auf Ganzheitlichkeit ausgehenden genialen Schaffenskraft wird neben der Empfindungsfähigkeit des Genies auch in Goethes Baukunst-Aufsatz beschworen:

> Schädlicher als Beispiele sind dem Genius Prinzipien. Vor ihm mögen einzelne Menschen, einzelne Teile bearbeitet haben. Er ist der erste aus dessen Seele die Teile, in Ein ewiges Ganze zusammen gewachsen, hervortreten. Aber Schule und Principium fesselt alle Kraft der Erkenntnis und Tätigkeit.[16]

Das spezifische Verhältnis des Genies zur Regel wird mit Kants „Kritik der Urteilskraft" in einer weiteren zentralen Schrift der Zeit erläutert, die die Originalität als wesentliche Konstituente des Geniekonzepts in ausführlichen Bestimmungen zum Wesen des Genies betont:

> Man sieht hieraus, daß Genie 1) ein Talent sei, dasjenige, wozu sich keine bestimmte Regel geben läßt, hervorzubringen: nicht Geschicklichkeitsanlage zu dem, was nach irgend einer Regel gelernt werden kann; folglich daß Originalität seine erste Eigenschaft sein müsse. 2) Daß, da es auch originalen Unsinn geben kann, seine Produkte zugleich Muster, d.i. exemplarisch sein müssen; mithin, selbst nicht durch Nachahmung entsprungen, anderen doch dazu, d.i. zum Richtmaße oder Regel der Beurteilung, dienen müssen. 3) Daß es, wie es sein Produkt zu Stande bringe, selbst nicht beschreiben, oder wissenschaftlich anzeigen könne, sondern daß es als Natur die Regel gebe; und daher der Urheber eines Produkts, welches er seinem Genie verdankt, selbst nicht weiß, wie sich in ihm die Ideen dazu herbei finden, auch es nicht in seiner Gewalt hat, dergleichen nach Belieben oder planmäßig auszudenken, und anderen in solchen Vor-

---

[15] Schmidt, J.: Die Geschichte des Genie-Gedankens I. S. 232.
[16] Goethe, J. W. v.: Von deutscher Baukunst. S. 112.

schriften mitzuteilen, die sie in Stand setzen, gleichmäßige Produkte hervorzubringen.[17]

Obwohl das Genie hier nicht in jeder Hinsicht unabhängig von aller Regelhaftigkeit gesehen wird, wird dennoch deutlich, wie essenziell die Autonomie von Vorgaben und Regeln für das Konzept des Genies ist. Nicht nur, dass es selbst nicht nach jenen handelt, es darf nicht einmal in der Lage sein, sein originales Schaffen in irgendeiner Form zu erklären. Dies deshalb, weil gleichsam durch es hindurch die Natur unmittelbar wirksam wird und das Genie also selbst als Natur, d.h. als an ihr teilhabendes Individuum verstanden werden muss, wie auch Kants Definition von „Genie" deutlich macht: „Genie ist die angeborne Gemütslage (ingenium), durch welche die Natur der Kunst die Regel gibt."[18]

Für den Charakter des geniehaften Naturbezugs ist überdies die allgemeine pantheistische Tendenz des Zeitalters bedeutend, die in der Abkehr von transzendenten Mächten Göttlichkeit als in der Natur direkt zugänglich proklamiert. So schreibt z.B. Herder:

> Je mehr wir indes das große Schauspiel würkender Kräfte in der Natur sinnend ansehn, desto weniger können wir umhin, überall *Ähnlichkeit mit uns* zu fühlen, alles mit unsrer Empfindung zu beleben [...] – der empfindende Mensch fühlt sich in Alles, fühlt Alles aus sich heraus [...]. Die stille Ähnlichkeit, die ich im Ganzen meiner Schöpfung, meiner Seele und meines Lebens empfinde und ahnde: der große Geist, der mich anwehet und mir im Kleinen und Großen, in der sichtbaren und unsichtbaren Welt Einen Gang, Einerlei Gesetze zeiget: der ist mein Siegel der Wahrheit.[19]

Es wird deutlich, dass die Natur dabei optimistisch als vollkommene Harmonie aller wirkenden Kräfte verstanden wird, an deren göttlicher Ganzheitlichkeit das Genie dank seiner eigenen elementaren Natürlich-

17   Kant, Immanuel: Kritik der Urteilskraft. In: Immanuel Kant. Werke in sechs Bänden. Hrsg. von Wilhelm Weischedl. Bd. V: Kritik der Urteilskraft und Schriften zur Naturphilosophie. Darmstadt: Wissenschaftliche Buchgesellschaft 1998. S. 406f.

18   Ebd. S. 405f.

19   Herder, Johann Gottfried: Vom Erkennen und Empfinden der menschlichen Seele. Bemerkungen und Träume. In: Johann Gottfried Herder. Werke in zehn Bänden. Hrsg. von Günter Arnold, Martin Bollacher u.a. Bd. 4: Schriften zu Philosophie, Literatur, Kunst und Altertum 1774-1787. Hrsg. von Jürgen Brummack und Martin Bollacher. Frankfurt a. M.: Deutscher Klassiker Verlag 1994 (= Bibliothek deutscher Klassiker 105). S. 329ff.

keit in besonderer Weise teilhaftig wird.[20] Das Originalgenie ist durch und durch ein Kind der Natur: „Das Genie geht also von der großen Natur aus und kehrt in sie, nach Entfaltung all seiner Energien, zurück. Seine ‚Freude' ist die schöpferisch-geniale, weil aus dem intensiven Bezug zur Allnatur entspringende Begeisterung."[21] Diese Konzeption des Genies ist wesentlich geprägt vom rousseauistischen Kult des Ursprünglichen und Spontanen. In dem zeitgenössischen Schlachtruf „Zurück zur Natur!" verdichtet sich Rousseaus einflussreiche, zivilisationskritische Idealisierung der Natur als erlebbare Unmittelbarkeit und Freiheit[22] sowie die zunehmend als Verlust erfahrene Entfremdung des Menschen von seinem ursprünglichen Naturzustand.[23] Es besteht folglich ein enger Zusammenhang zwischen dem aufklärerischen Interesse für die Ursprünglichkeit des Wilden und des Kindes und dem gesteigerten Naturbezug in der Genieästhetik.[24] Die besondere Naturnähe des Originalgenies kommt nicht zuletzt dadurch zum Ausdruck, dass seine Begabung ein Geschenk der Natur, mithin kein Produkt einer Erziehung, sondern, wie schon in Kants Definition festgestellt, von Geburt an gegeben ist. Diese Betonung der genialen Urkraft im Gegensatz zu sekundären Umweltfaktoren führt in Verbindung mit Innerlichkeitskult und Autonomiestreben schließlich zu der traditionellen Antithese von Genie und Gelehrtem.[25] Während Ersteres sich durch naturhaft-empfindsames und darin autonomes Schaffen auszeichnet, bleibt Letzterer der einseitig vernunftgemäßen, regelgeleiteten Nachahmung verpflichtet.

Hinwendung zur innerlichen Gefühlswelt, prometheischer Autonomiewille und pantheistischer Naturbezug als drei zentrale Grundideen des Geniekonzepts gehören dabei stets der allgemeinen, nach der emanzipierten und innerweltlichen Begründung des menschlichen Daseins strebenden Bewusstseinsentwicklung im 18. Jahrhundert an,[26] die in der Geniebewegung nur ihren absolut gesteigerten Ausdruck findet.

---

[20] Vgl. Fleck, Christina Juliane: Genie und Wahrheit. Der Geniegedanke im Sturm und Drang. Marburg: Tectum 2006. S. 114.

[21] Schmidt J.: Die Geschichte des Genie-Gedankens I. S. 273.

[22] Vgl. Weigand, Kurt: Einleitung. Rousseaus negative Historik. In: Jean-Jacques Rousseau. Schriften zur Kulturkritik. Hrsg. von Kurt Weigand. 4. erw. Aufl. Hamburg: Felix Meiner Verlag 1983 (= Philosophische Bibliothek 243). S. LIIIff.

[23] Vgl. ebd. S. Xf.

[24] Vgl. ebd. S. LVI.

[25] Vgl. Schmidt, J.: Die Geschichte des Genie-Gedankens I. S. 36.

[26] Vgl. ebd. S. 264.

2.1.2 Das Genie als Autoritätsersatz

Das Emanzipationsstreben vermag den komplexen Charakter des Geniegedankens jedoch nur zur Hälfte zu erfassen. Dem Konzept des Genies ist eine eigene Dialektik, d.h. Widersprüchlichkeit inhärent: Indem die Autonomie des naturbegabten Subjekts absolut gesetzt wird, schlägt der Selbstbestimmungsgestus um in Mythos und Kult des genialen Individuums. Aus der Geniebewegung wird Geniekult und was aufklärerischem Gedankengut entsprang, erhält Züge einer Ersatzreligion:

> Denn nicht umsonst kommt das Genie als Inbegriff der großen schöpferischen Individualität im 18. Jahrhundert zu Ehren, gerade in dem Moment, in dem sich die religiösen Verankerungen lösen. Der Geniekult hat in vielerlei Hinsicht die Funktion eines Gottesersatzes: einer weltlichen Religion. [...] Er zeugt von einer Haltung, die noch nicht auf die Absolutsetzungen verzichten kann und daher [...] irrationalistisch delirierend Absolutismen neuer Art schafft, nachdem die alten der kritischen Vernunft zum Opfer gefallen sind.[27]

Das autonome Genie und die von ihm geschaffene originale Kunst rücken in die Sphäre des Irrationalen, erhalten eine heilige Aura und werden Teil quasi-religiöser, kultischer Verehrungszusammenhänge: „Das sich selbst im Schaffensakt zum gottgleichen Schöpfer vergöttlichende Genie wird in Usurpation des Theologischen selbst zum Stifter einer ‚Kunstreligion'."[28] Nicht zuletzt Goethes Baukunst-Aufsatz, in dem vom Erbauer des Straßburger Münsters wie von einem Messias gesprochen wird,[29] steht Pate für diese im Geniekult stattfindende Sakralisierung der Kunst.

In der Geniebewegung ist folglich von Anfang an eine Janusköpfigkeit angelegt, eine Ambivalenz, die nicht aufzulösen ist, sondern in ihrer Spezifität gerade herausgestellt werden muss: In der Übersteigerung Inbegriff einzelner emanzipatorischer Ideen, wendet sich das Geniekonzept eben in der Absolutsetzung gegen das Projekt als Ganzes. Der in natürlicher Harmonie zwischen Vernunft und Sinnlichkeit selbstbestimmte Mensch bleibt aufklärerische Utopie, da die irrationale Sehnsucht nach religiösen Kultzusammenhängen existent bleibt. Nach Schmidt ist darin „ein sozialpsychologisch fundamentaler Vorgang im

---

[27] Schmidt, Jochen: Die Geschichte des Genie-Gedankens in der deutschen Literatur, Philosophie und Politik 1750-1945. Bd. 2: Von der Romantik bis zum Ende des Dritten Reichs. 3. verb. Aufl. Heidelberg: Winter 2004 (= Beiträge zur neueren Literaturgeschichte 210). S. 73f.

[28] Fleck, Ch. J.: Genie und Wahrheit. S. 8.

[29] Vgl. Goethe, J. W. v.: Von deutscher Baukunst. S. 110f.

Werdeprozeß der Genie-Ideologie"[30] zu sehen, in dem sich eine tief verwurzelte Faszination am Unbegreiflichen mit Elementen des Irrationalen, Großen und Mächtigen, Dunklen und Abgründigen offenbart.[31]

Gegen diese Kompensationsthese wird jedoch auch Widerspruch erhoben. So z.B. von Marianne Willems, der zufolge der Geniegedanke kein Instrument des Eskapismus darstellt, sondern lediglich im Nachhinein die aufgrund der Loslösung der Kunst von alten Autoritäten und der Auflösung eines normativen Naturbegriffs als Leitbild entstehende Leerstelle füllen soll: „Sie [die Geniekonzeption] begleitet, begründet, liefert Sinn für das, was sich primär aufgrund sozialstruktureller Prozesse vollzieht: die Ausdifferenzierung der Kunst zu einem autonomen Funktionssystem."[32] Den Erfolg der Geniebewegung bei den Zeitgenossen erklärt sie dann im Hinblick auf die durch die Lösung des Einzelnen aus traditionellen gesellschaftlichen, kulturellen und politischen Zusammenhängen problematisch gewordene Individualität, für die das Genie ein willkommenes religionsähnliches Leitbild darstellt.[33] Was hier verkannt wird, ist die Tatsache, dass es sich bei den angesprochenen Prozessen nicht um ein Nacheinander, sondern ein Neben- und Ineinander handelt. Die soziostrukturellen Entwicklungen bringen sowohl den emanzipatorischen Geniegedanken als auch den kompensatorischen Geniekult als dessen Kehrseite unmittelbar hervor. Es handelt sich nicht um eine ästhetizistische Wirklichkeitsflucht – insofern ist hier Willems Recht zu geben – sondern vielmehr um einen genuinen Ausdruck der zeitgenössischen Wirklichkeit, der jedoch eine ihm eigene Dialektik aufweist, die wiederum durchaus zu eskapistischen Ausformungen führen kann.

Man kann folglich festhalten, dass dem Geniegedanken von Anfang an eine Widersprüchlichkeit inhärent ist, die ihn zwischen Emanzipationsausdruck und Autoritätsersatz changieren lässt. Diese bildet die Grundlage für seine wechselvolle Geschichte in den folgenden Jahrhunderten, die die Ambivalenz des Konzepts erst vollends offenbart und an der u.a. große Namen wie Goethe, Schiller, Herder, Kant, Fichte, Hölderlin, Jean Paul, E.T.A. Hoffmann, Novalis, Heine, Nietzsche, Thomas Mann – und nicht zuletzt Patrick Süskind mitschreiben.

---

[30]   Schmidt, J.: Die Geschichte des Genie-Gedankens I. S. 194.

[31]   Vgl. ebd. S. 222.

[32]   Willems, Marianne: Wider die Kompensationsthese. Zur Funktion der Genieästhetik der Sturm-und-Drang-Bewegung. In: Euphorion 94 (2000). S. 37f.

[33]   Vgl. ebd. S. 38ff.

2.2 Nach der Geniezeit: zwischen Totsagung und Auferstehung

2.2.1 Bis zur Jahrhundertwende

Vom Zeitpunkt seiner Entstehung in der zweiten Hälfte des 18. Jahrhunderts bis heute durchlebt das Genie eine wechselhafte Entwicklung, die sich zwischen den Extrempolen der Totsagung und Auferstehung abspielt. Es ist freilich gänzlich unmöglich, an dieser Stelle auf alle Stationen dieser Geschichte en detail einzugehen – zumal auch unnötig, da auf einschlägige Abhandlungen wie „Die Geschichte des Geniegedankens" von Jochen Schmidt verwiesen werden kann –, doch erfordert es die Auseinandersetzung mit „Das Parfum", das mit der Vorführung des Genies als in sich widersprüchliches und destruktives Konzept ja nicht nur den Geniegedanken im ursprünglichen Sinne, sondern auch dessen Tradition aufgreift, zumindest einen kurzen Überblick über die wichtigsten Entwicklungen zugrunde zu legen.

Schon früh, d.h. noch während der Geniezeit selbst, werden gefährliche Elemente und Fragwürdigkeiten des Konzepts vom genialen Individuum erkannt und kritisiert. So stellt Bertram heraus, dass das Genie des Sturm und Drang von Anfang an durch Brüchigkeit gekennzeichnet und vom Scheitern bedroht war.[34] In erster Linie werden der übersteigerte Subjektivismus und die damit einhergehende Gefahr einer sich selbst verfallenen Innerlichkeit thematisiert,[35] doch auch das Krankhafte einer Verehrung des Anormalen, in der Hauptsache Hervorstechenden kommt zur Sprache, wie z.B. hier bei Herder:

> Die Natur hat der edlen Keime gnug: nur wir kennen sie nicht und zertreten sie mit den Füßen, weil wir das Genie meistens nach *Unförmlichkeit*, nach zu früher Reife oder übertriebnem Wuchs schätzen. Ein wohlgebildeter, gesunder, kräftiger Mensch, lebend auf seiner Stelle, und daselbst sehr innig würkend, zieht unsre Augen nicht so auf sich, als jeder andere mit *Einem* übertriebnen, vorgebildeten Zuge, den ihm die Natur (in Gnade oder in Zorn?) verlieh, und den von Jugend auf hinzuwallende überflüssige Säfte nährten. [...] Ist *das* Genie; wie bist du vom Himmel gefallen, du schöner Morgenstern, und webst und tanzest gleich einem Irrlichte auf sumpfigen Wiesen, oder rollest als ein schädlicher Komet daher: vor dir Schrecken und hinter dir Pest und Leichen. Ist *das* Genie, wer wollts haben? wer

---

34 Vgl. Bertram, G.: Philosophie des Sturm und Drang. S. 221ff.
35 Vgl. Schmidt, J.: Die Geschichte des Genie-Gedankens II. S. 1.

nicht lieber wünschen, daß die Natur außerordentlich selten solche Höcker und Ungeheuer bilde![36]

Die einstigen Vorreiter distanzieren sich, indem sie die negativen Kehrseiten betonen, immer mehr von der Genie-Ideologie, deren Betonung der Einzelerscheinung in einem allgemeinmenschlich integrativen Humanitätsgedanken aufgeht. Beispiele dafür sind Goethes Bildungsroman „Wilhelm Meisters Lehrjahre", Herders Feststellung, dass wahres Genie in gesundem Menschenverstand und bescheidenem Gespür für die eigenen Grenzen begründet sei,[37] oder Kants Forderung nach Verstand und Geschmack als Regulativ für die geniale Einbildungskraft.[38]

Während so im Zuge der Spätaufklärung die Geniebewegung zum problematischen „Knabengeschrei"[39] herabgewürdigt wird, kündigt sich allerdings im Subjektivismus der sich formierenden Frühromantik bereits eine neue Radikalisierung des genialen Prinzips an. Der romantische Künstlertypus mit seiner mystisch-kontemplativen Haltung beruht wesentlich auf dem „Glaube[n] an die grenzenlose geistige Progression des genialischen Individuums".[40] Nicht von ungefähr erfahren Kunstreligion und Geniekult gerade bei den Frühromantikern einen vorläufigen Höhepunkt.

Im Laufe des 19. Jahrhunderts schließlich führen die Empfindung der Gefahren eines sich potenziell bis zum autistischen Realitätsverlust steigernden romantisch-genialischen Innerlichkeitswahns sowie die Erfahrung einer zunehmend von Industrialisierung und Naturwissenschaften geprägten Realität zum allmählichen Übergang von der Romantik zum Realismus und damit zur einstweiligen Verabschiedung des Geniegedankens.[41] Doch auch dies bleibt ein Abschied auf Zeit: Zur Jahrhundertwende lebt der Kult des genialen Individuums mit eindeutig kritisch-kompensatorischem Charakter wieder auf. Antibürgerliche Kulturkritik und neoromantischer Eskapismus vereinigen sich in der dekadenten Feier des Originalgenies. Allen voran gilt der frühe Nietzsche als Prophet eines dionysischen, subjektivistischen Individualismus von mystischer Qualität, der vielfach mit dem Genie in Verbindung gebracht und als Sinnbild einer authentischen Daseinsform dem entfremdeten,

36   Herder, J. G.: Vom Erkennen und Empfinden der menschlichen Seele. S. 382f.
37   Vgl. ebd. S. 390.
38   Vgl. Kant, I.: Kritik der Urteilskraft. S. 421.
39   Herder, J. G.: Vom Erkennen und Empfinden der menschlichen Seele. S. 388.
40   Mayer, Gerhart: Der deutsche Bildungsroman. Von der Aufklärung bis zur Gegenwart. Stuttgart: Metzler 1992. S. 65.
41   Vgl. Schmidt, J.: Die Geschichte des Genie-Gedankens II. S. 44.

von vielschichtigen Zwängen beherrschten Bürgertum entgegengestellt wird:

> Von Anfang an ist Nietzsches Hinwendung zum „Genie" Ausdruck der Reaktion: der Reaktion auf die Folgen der modernen Verwissenschaftlichung und auf die steril gewordene Bildungswelt des 19. Jahrhunderts, der Reaktion auf die nivellierende Massengesellschaft, der Reaktion auf metaphysische Entwurzelung. Nicht umsonst nennt er sich den ersten Fachmann in Fragen der europäischen Décadence. Das Genie repräsentiert ihm das Gegenbild: Authentizität, „Gesundheit", Kraft, schöpferische Individualität, wertesetzende und damit sinnstiftende Selbstermächtigung über dem sich öffnenden Abgrund des Nihilismus. Nietzsches Vision des Genies protestiert gegen ein vielfach entfremdetes Dasein.[42]

Auf die aus der diagnostizierten metaphysischen Heimatlosigkeit der Menschen[43] in einer zunehmend vom Rationalismus der Wissenschaft als Grundübel[44] geprägten Realität erwachsende Ideologiebereitschaft liefert Nietzsche eine Antwort, indem er die verlorene Metaphysik in das diesseitige Leben selbst hineinträgt und dem „nach Leben dürstenden theoretischen Menschen"[45] die Perspektive der Rückkehr zu einem authentischen, rauschhaft-dionysischen Dasein eröffnet: „Unter dem Zauber des Dionysischen schließt sich nicht nur der Bund zwischen Mensch und Mensch wieder zusammen: auch die entfremdete, feindliche oder unterjochte Natur feiert wieder ihr Versöhnungsfest mit ihrem verlorenen Sohne, dem Menschen."[46] Indem das Genie in die Nähe dieses dionysischen Urgrundes gerückt wird, wird es zur Chiffre für ein lebendiges, nicht-entfremdetes Dasein und so zu einer antizivilisatorischen, antirationalistischen Größe mit zugleich kritischem und kompensatorischem Potenzial. In der damit teilweise einhergehenden vitalistischen Verklärung des ursprünglichen, notwendig immoralischen Lebens[47] sieht

---

42 Schmidt, J.: Die Geschichte des Genie-Gedankens II. S. 129.

43 Vgl. Nietzsche, Friedrich: Die Geburt der Tragödie. In: Nietzsche: Werke. Kritische Gesamtausgabe. Hrsg. von Giorgio Colli und Mazzino Montinari. 3. Abteilung. Bd. 1. Berlin: de Gruyter 1972. S. 141f.

44 Vgl. Nietzsche, Friedrich: Unzeitgemäße Betrachtungen I-III. In: Nietzsche: Werke. Kritische Gesamtausgabe. Hrsg. von Giorgio Colli und Mazzino Montinari. 3. Abteilung. Bd. 1. Berlin: de Gruyter 1969. S. 267.

45 Nietzsche, Friedrich: Richard Wagner in Bayreuth (Unzeitgemäße Betrachtungen IV). In: Nietzsche: Werke. Kritische Gesamtausgabe. Hrsg. von Giorgio Colli und Mazzino Montinari. 4. Abteilung. Bd. 1. Berlin: de Gruyter 1969. S. 75.

46 Nietzsche, F.: Die Geburt der Tragödie. S. 25.

47 Vgl. ebd. S. 13.

Schmidt den tiefsten Punkt der Geschichte der Geniebewegung, die ihren Ausgang doch einmal vom sich emanzipierenden und selbst zur Göttlichkeit aufschwingenden Menschen genommen hatte.[48] Die in den Anfängen des Geniegedankens begründete Ambivalenz löst sich zugunsten einer eskapistisch motivierten irrationalistisch-immoralischen Ideologie entgegen aller aufklärerischen Impulse auf, wie es der späte Nietzsche selbst am Beispiel Napoleons noch einmal explizit erläutert:

> Das Frankreich der Revolution […] würde aus sich den entgegengesetzten Typus, als der Napoleon ist, hervorgebracht haben […]. Und weil Napoleon *anders* war, Erbe einer stärkeren, längeren, älteren Zivilisation […], wurde er hier Herr, *war* er allein hier Herr. […] Zwischen einem Genie und seiner Zeit besteht ein Verhältnis, wie zwischen stark und schwach […].[49]

Hier offenbart sich in seiner Gänze der Mechanismus, der das Geniekonzept, ursprünglich Ausdruck der Stärke des aufgeklärten Menschen, in ein Kompensationsinstrument für eine von Unsicherheit geprägte Gesellschaft umkippen lässt:

> Moderne Ideologie mit ihrer problematischen Faszination, das zeigt sich bei Nietzsche exemplarisch, entsteht, wenn in das Fluidum des durch den Zivilisationsprozeß permanent gesteigerten Bedürfnisses nach […] nicht mehr entfremdetem Dasein, utopisch-antizivilisatorische Heilsbotschaften eingebracht werden […]. Das Reden vom Genie in all seinen Ausprägungen ist ein zentraler Bestandteil solcher Ideologie.[50]

Das zeitgleiche Gegenprogramm zu jeglichen neuromantischen Originalitätsvisionen bietet wiederum der Naturalismus, der mit seiner dezidierten Hinwendung zu Milieu, Materialismus und Determinismus[51] das Konzept des autonomen, aus sich heraus schaffenden Genies obsolet werden lässt und auf diese Weise einmal mehr die extremen Pole der Suspendierung und Wiederbelebung deutlich macht, zwischen denen sich der Geniegedanke im 19. Jahrhundert fortwährend bewegt.

---

48   Vgl. Schmidt, J.: Die Geschichte des Genie-Gedankens II. S. 145.
49   Nietzsche, Friedrich: Götzen-Dämmerung. In: Nietzsche: Werke. Kritische Gesamtausgabe. Hrsg. von Giorgio Colli und Mazzino Montinari. 6. Abteilung. Bd. 3. Berlin: de Gruyter 1969. S. 139.
50   Schmidt, J.: Die Geschichte des Genie-Gedankens II. S. 145.
51   Vgl. ebd. S. 175.

2.2.2 Das Genie im 20. Jahrhundert

Das 20. Jahrhundert schließlich führt mit den faschistischen Bewegungen in Europa drastisch vor Augen, wie anfällig der moderne Mensch nach wie vor für die Wirkung der großen Einzelpersönlichkeit bleibt. Thomas Mann thematisiert bereits 1930 in der Novelle „Mario und der Zauberer" die allgemeine Verführungsbereitschaft der Menschen anhand eines Publikums, das sich willenlos und unter Preisgabe seiner persönlichen Würde in den Bann des ominösen Zauberers Cipolla ziehen lässt.[52] Im NS-Regime mit seinen pseudoreligiösen Auswüchsen schließlich ist der Umschlag vom ehemals emanzipatorischen Gestus der Genie-Ideologie zum irrationalistisch-totalitären Führerkult endgültig vollzogen.

Nicht nur in „Mario und der Zauberer" ist die destruktive Seite des Geniekults Thomas Manns großes Thema. „Der Tod in Venedig" spielt mit tödlicher Konsequenz die Rückkehr zu Nietzsches dionysischem Urgrund an dem Fall des Schriftstellers Gustav Aschenbach durch[53] und in „Doktor Faustus" werden die Bedingungen genialer Schaffenskraft unter den Voraussetzungen einer spätzeitlichen Zivilisation reflektiert:

> Ich hatte soeben kaum die Feder angesetzt, als ihr ein Wort entfloß, das mich heimlich bereits in gewisse Verlegenheit versetzte: das Wort »genial« […]. Nun ist dieses Wort, »Genie«, wenn auch übermäßigen, so doch gewiß edlen, harmonischen und human-gesunden Klanges und Charakters […]. Und doch ist nicht zu leugnen und ist nie geleugnet worden, daß an dieser strahlenden Sphäre das Dämonische und Widervernünftige einen beunruhigenden Anteil hat, daß immer eine leises Grauen erweckende Verbindung besteht zwischen ihr und dem unteren Reich, und daß eben darum die versichernden Epitheta, die ich ihr beizulegen versuchte, »edel«, »human-gesund« und »harmonisch«, nicht recht darauf passen wollen, – selbst dann nicht – mit einer Art schmerzlichen Entschlusses stelle ich diesen Unterschied auf – selbst dann nicht, wenn es sich um *lauteres* und

---

52   Vgl. Mann, Thomas: Mario und der Zauberer. Ein tragisches Reiseerlebnis. In: Thomas Mann. Gesammelte Werke in Einzelbänden. Frankfurter Ausgabe. Hrsg. von Peter de Mendelssohn. Bd.: Späte Erzählungen. Frankfurt a. M.: Fischer 1981. S. 186ff.

53   Vgl. Mann, Thomas: Der Tod in Venedig. In: Thomas Mann. Große kommentierte Frankfurter Ausgabe. Werke – Briefe – Tagebücher. Hrsg. von Heinrich Detering, Eckhard Heftrich u.a. Bd. 2.1: Frühe Erzählungen 1893-1912. Hrsg. von Terence Reed unter Mitarbeit von Malte Herwig. Frankfurt a. M.: Fischer 2004. S. 501ff.

genuines, von Gott geschenktes oder auch verhängtes Genie handelt und nicht um ein akquiriertes und verderbliches [...].[54]

Das Genie wird als von *„jedenfalls* dämonisch beeinflusste[r] Natur"[55] dargestellt, ob es sich um ein – immerhin noch als Utopie bekanntes – ursprüngliches Genie oder um das unter den historischen Gegebenheiten ausschließlich noch mögliche krankhafte, dekadente Genie handelt. Letzteres bewegt sich nur noch in den Abstraktionen einer sterilen Intellektualität, hat seine ursprüngliche Empfindungsfähigkeit verloren und kann ausschließlich in der pathologischen Form des krankhaften Deliriums Fühlung mit dem Leben suchen, was freilich von Anfang an zum Scheitern verurteilt sein muss.[56]

In der kunsttheoretischen Reflexion der modernen Avantgarde, die insbesondere in Deutschland in der Nachkriegszeit eine bedeutende Fortsetzung erfährt,[57] scheint das Originalgenie als ideologischer Mythos unwiderruflich der Vergangenheit anzugehören.[58] Der Bezug zum Großen und Ganzen, der im Geniekonzept einst zum Ausdruck kam, scheint den Avantgardisten verloren, statt dessen findet ein sich vom Traditionellen absetzender intuitionistischer Rückgang auf (Er)Lebensunmittelbarkeit und Authentizität statt.[59] Die mit dieser Tendenz verbundenen Erzählstrategien reichen von Dokumentation über detaillierte Beschreibungsverfahren bis hin zum subjektivistischen Bewusstseinsstrom, wobei das Ringen um Authentizität den „Motor jener Entmimetisierung der Formen, jener Destruktion von Konventionen, Normen und Institutionen, ja letztlich alles Überkommenen und Etablierten"[60] in der Moderne darstellt. Gerade in diesem Bestreben jedoch äu-

---

54　Mann, Thomas: Doktor Faustus. Das Leben des deutschen Tonsetzers Adrian Leverkühn, erzählt von einem Freunde. In: Thomas Mann. Große kommentierte Frankfurter Ausgabe. Werke – Briefe – Tagebücher. Hrsg. von Heinrich Detering, Eckhard Heftrich u.a. Bd. 10.1. Hrsg. von Ruprecht Wimmer unter Mitarbeit von Stephan Stachorski. Frankfurt a. M.: Fischer 2007. S. 12f.

55　Ebd. S. 14.

56　Vgl. Schmidt, J.: Die Geschichte des Genie-Gedankens II. S. 269.

57　Vgl. Baumgart, Reinhard: Postmoderne Literatur – auf deutsch? In: Roman oder Leben. Postmoderne in der deutschen Literatur. Hrsg. von Uwe Wittstock. Leipzig: Reclam 1994 (= Reclam-Bibliothek 1516). S. 139.

58　Vgl. Schmidt, Christoph: Die Endzeit des Genies. Zur Problematik des ästhetischen Subjekts in der (Post-) Moderne. In: DVjs 69 (1995). S. 174.

59　Vgl. Willems, Gottfried: Anschaulichkeit. Zu Theorie und Geschichte der Wort-Bild-Beziehungen und des literarischen Darstellungsstils. Tübingen: Niemeyer 1989 (= Studien zur deutschen Literatur 103). S. 364.

60　Willems, Gottfried: Die postmoderne Rekonstruktion des Erzählens und der Kriminalroman. Über den Darstellungsstil von Patrick Süskinds Das Parfum.

ßern sich Anklänge an den vermeintlich so rigoros verabschiedeten Geniegedanken, worauf auch Christoph Schmidt hinweist:

> Die verzweifelt lustvolle Flucht der modernen Avantgarde vor Regel und Begriff, also vor dem Sinn, ist ohne die spezifisch ästhetische Subjektivität des Genies, das dieser Bewegung Atem, Rhythmus und Tempo verleiht, nicht vorstellbar.[61]

Darüber hinaus liegt dem Postulat der Authentizität, das auf Originalität und Intensität des subjektiven Erlebens ausgeht, nichts anderes zu Grunde als die Unverwechselbarkeit des Individuums,[62] d.h. eben jener Gedanke, der auch der Geniebewegung schon als Basis gedient hatte. Die Fühlung mit dem Großen und Ganzen sowie der Anspruch auf gottgleiche Schöpferkraft sind freilich in der ästhetischen Moderne verloren gegangen, doch einzelne Elemente des Geniekonzepts halten sich selbst in den Proklamationen der Avantgarden.

Zusammenfassend lässt sich festhalten, dass sich die Geschichte des Geniekonzepts zwischen der Karriere als Religionsersatz in Romantik, Geniekult der Jahrhundertwende und nicht zuletzt NS-Führerkult zum einen, sowie ad-acta-Legung durch Spätaufklärung, Realismus und ästhetische Moderne zum anderen abspielt. Im 20. Jahrhundert spaltet sich die Haltung zum Genie auf in generelle Ablehnung durch die Literaturästhetik und Durchbruch der im dialektischen Ursprungskonzept angelegten kompensatorischen Tendenz in totalitären Regimes und – in ungleich harmloserer Form – im Fanwesen der Populärkultur. Letzteres ist durch und durch geprägt vom eskapistischen Antrieb, indem es Flucht vor dem Alltag und als Antwort auf die Sehnsucht nach Größe, Ganzheitlichkeit und Sinnlichkeit die Erfahrung des Besonderen inmitten der Durchschnittlichkeit bieten will.

Es ist also eine lange, ambivalente Geschichte zwischen Beschwörung, Destruktion und implizitem Fortwirken des Geniegedankens, der Süskinds „Das Parfum" mit seinem Geruchsgenie ein weiteres Kapitel hinzufügt. Denn schnell wird dem Leser klar: „Statt der *Geschichte eines*

In: Experimente mit dem Kriminalroman. Ein Erzählmodell in der deutschsprachigen Literatur des 20. Jahrhunderts. Hrsg. von Wolfgang Düsing. Frankfurt a. M.: Lang 1993 (= Studien zur Deutschen Literatur des 19. und 20. Jahrhunderts 21). S. 225.

61 Schmidt, C.: Die Endzeit des Genies. S. 173.

62 Vgl. Förster, Nikolaus: Die Wiederkehr des Erzählens. Deutschsprachige Prosa der 80er und 90er Jahre. Darmstadt: Wissenschaftliche Buchgesellschaft 1999. S. 37.

Mörders wird die Geschichte eines Genies erzählt."[63] Vielfach wurde festgestellt, dass Grenouille dabei nicht weniger ist als ein durch und durch paradigmatisches Genie,[64] „eine kristallklare Kunstfigur, die ein Gedankenspiel exerziert und mit der nahezu alles geschieht, was mit literarischen Geniefiguren bisher geschehen ist."[65] Dies allerdings – und das ist doch der entscheidende Punkt – unter den besonderen Voraussetzungen einer ganz bestimmten sinnlichen Begabung, die Grenouilles Genialität begründet. Welche Folgen ergeben sich aus dieser Verflechtung von absoluter olfaktorischer Sinnlichkeit und Geniewesen für die spezielle Ausformung des Geniegedankens und deren Bedeutungspotenzial? – Das ist die zentrale Frage, die im Folgenden eine Antwort sucht.

---

63   Förster, N.: Die Wiederkehr des Erzählens. S. 13.

64   Vgl. Wittstock, Uwe: Leselust. Wie unterhaltsam die die neue deutsche Literatur? Ein Essay. München: Luchterhand 1995. S. 142.

65   Frizen, Werner: Das gute Buch für jedermann oder Verus Prometheus. Patrick Süskinds Das Parfum. In: DVjs 68/4 (1994). S. 767.

3. Patrick Süskind: „Das Parfum"

3.1 Eine kleine Erfolgsgeschichte

Patrick Süskinds „Das Parfum. Die Geschichte eines Mörders." ist in der deutschen Nachkriegsliteratur eine singuläre Erscheinung. Der nach einem Vorabdruck in der FAZ 1985 bei Diogenes erschienene Roman wurde bis heute in 47 Sprachen übersetzt und verkaufte sich weltweit mehr als 16,4 Millionen mal, davon 5,5 Millionen mal in deutscher Sprache.[66] Er hielt sich 15 Wochen auf Platz eins der Spiegel-Bestsellerliste sowie insgesamt über 470 Wochen in der Buchreport-Bestsellerliste und ist damit der erfolgreichste deutsche Roman seit Erich Maria Remarques „Im Westen nichts Neues" von 1929.[67] Nun gilt aber: „Gewöhnlich erwartet man von einem bedeutenden Autor eher, verkannt zu sein. Erfolg gilt – zumal im Literaturbetrieb – schnell als rechtfertigungsbedürftig."[68] Nicht so jedoch im Falle des Dauerbestsellers „Das Parfum", der von der Kritik fast einhellig in den Himmel gelobt wurde und – zwar mit einigen Jahren Verzögerung – bis heute auch in der akademischen Auseinandersetzung große Beachtung findet. Patrick Süskind ist hier offensichtlich der schwierige und seltene Brückenschlag zwischen esoterischer Kunstliteratur und exoterischer Unterhaltungsliteratur gelungen.[69]

Mit dem Erfolg kam auch das öffentliche Interesse an der Person des bis dahin vor allem durch das Ein-Mann-Theaterstück „Der Kontrabass" sowie diverse Drehbücher bekannt gewordenen Autors. Die verzweifelte Jagd nach dem öffentlichkeitsscheuen, sowohl Interviewanfragen als auch Auszeichnungen beharrlich ablehnenden Patrick Süskind von Seiten des eher an exhibitionistische Selbstinszenierung gewöhnten Medienbetriebs treibt bis heute geradezu irrwitzige Blüten und bietet Stoff für immer neue Anekdoten.[70]

Doch zurück zu dem eigentlichen Gegenstand der Untersuchung: dem Roman und dem Geheimnis seines Erfolges – der Beschwörung der sinnlichen Geruchswahrnehmung in desodorisierter Zeit.

---

66 Vgl. Pressedossier. Patrick Süskind. Hrsg. von Presseabteilung Diogenes. Zürich: Diogenes 2008. S. 12.

67 Vgl. ebd. S. 12.

68 Wittstock, U.: Leselust. S. 139.

69 Vgl. Willems, G.: Die postmoderne Rekonstruktion des Erzählens und der Kriminalroman. S. 223.

70 Vgl. entsprechende Ausführungen in populärwissenschaftlichen Veröffentlichungen wie z.B. Kissler, Alexander/Leimbach, Carsten: Alles über Patrick Süskinds Das Parfum. Der Film. Das Buch. Der Autor. München: Heyne 2006. S. 25ff.

3.2 Geschichte und Konnotationen der Geruchs-Sinnlichkeit

Das große Faszinosum des Süskindschen Romans liegt für das breite Publikum sicher nicht in der Geschichte des Mörders, zumal „Das Parfum" als Krimi nicht unbedingt viel hergibt, sondern in der Thematisierung einer unserer desodorisierten Gegenwart fast schon exotisch erscheinenden Form der sinnlichen Wahrnehmung durch das Geruchsgenie:

> Den Leser des 20. Jahrhunderts nimmt der Erzähler der Geschichte bei der Hand [...] und geleitet ihn mit allen Mitteln der Sprachkunst in das mehr als 200 Jahre entfernte Universum der Gerüche und Düfte, so daß ihm die Stumpfheit und Beschränktheit seiner Sinnesorgane geradezu schmerzlich bewußt wird.[71]

Es handelt sich dabei aber wiegesagt weniger um eine nette Idee als vielmehr um einen strategischen Kommentar zum Geniegedanken, der in erster Linie dadurch entwickelt wird, dass Süskind sich explizit auf die (Verdrängungs-)Geschichte des Geruchssinns sowie die Stereotype, die traditionell damit verbunden werden, bezieht und diese mit dem Geniekonzept verbindet. Bevor deshalb im Detail auf die Frage nach den Konsequenzen der sinnlichen Begabung für die einzelnen Konstituenten des Geniekonstrukts eingegangen werden kann, ist ein kurzer kulturhistorischer Blick auf die Geschichte der Geruchs-Sinnlichkeit sowie deren Konnotationen für eine adäquate Analyse des Süskindschen Romans unbedingt erforderlich:

Vorbei scheint in unseren bisweilen als technokratisch-steril verunglimpften Lebensformen die Zeit, als die sensualistische Bewegung der Aufklärung in den Sinnesdaten noch die Basis von Empfindung und Denken sah[72] und eine umfassende Einheit von Vernunft und Sinnlichkeit propagierte. Dem Geruchssinn kommt dabei innerhalb des sinnlichen Wahrnehmungsfeldes noch einmal eine Sonderstellung zu, insofern die Geschichte seiner Verdrängung früh und trotz des herrschenden Hangs zum Sensualismus, oder vielmehr gerade deswegen einsetzt. Während im 18. Jahrhundert die Sinne allgemein aufgewertet werden, deren Ausbildung angestrebt und die Ästhetik als Wissenschaft der Wahrnehmung begründet wird, erfährt der Geruchssinn diesbezüglich

---

[71] Hallet, Wolfgang: Das Genie als Mörder. Über Patrick Süskinds «Das Parfum». In: Literatur für Leser 12 (1989). S. 276.

[72] Vgl. z.B. Herder, J. G.: Vom Erkennen und Empfinden der menschlichen Seele. S. 350.

eine eigentümliche Vernachlässigung.[73] Mehr noch: Er gerät in die Kritik und die Senkung der Geruchstoleranz führt zu Beschreibung, Analyse und Klassifizierung der als gefährlich und krankheitserregend eingestuften Gerüche mit dem Ziel, sie umfassend zu tilgen.[74] Es handelt sich bei diesem Prozess der Desodorisierung, der um die Mitte des 18. Jahrhunderts einsetzt und den Alain Corbin in seiner Kulturgeschichte „Pesthauch und Blütenduft" – aus der sich wesentliche Informationen beinahe wörtlich bei Süskind wiederfinden! – eingängig schildert, um ein dezidiert modernes, von den Naturwissenschaften, insbesondere der Chemie, unterstütztes Projekt. Corbin stellt einen „Zusammenhang zwischen der Kritik an den Gerüchen und dem Aufstieg der bürgerlichen Mentalität"[75] her und auch Morris, der sich ausgiebig mit den Düften befasst hat, sieht in der Verbreitung einer peinlichen Hygiene ein spezifisches Merkmal der bürgerlichen Ära.[76] Neben medizinischen Vorschriften sind es vor allem die zunehmende Individualisierung des Subjekts und der fortschreitende Narzissmus, die den Motor der Desodorisierung ausmachen.[77] Umgekehrt ist auch das organisierte Gewerbe der wohlriechenden Düfte, die Parfumindustrie, im Wesentlichen ein modernes Phänomen, das auf Fokussierung des Individuums, technischen und chemischen Erkenntnissen sowie kapitalistischem Handel beruht.[78]

Dass der Geruchssinn in der langen Geschichte der Entsinnlichung des Menschen als erster der fünf Sinne verdrängt wurde, mag seinen Grund in alten, bis in die Antike zurückreichenden Konnotationen und Hierarchisierungen der verschiedenen Sinne haben: „Die «klassische» Rangordnung der Sinne beginnt mit Aristoteles und sieht wie folgt aus: *visus* (Gesicht), *auditus* (Gehör), *odoratus* (Geruch), *gustus* (Geschmack), *tactus* (Tastgefühl)."[79] Wegen seines hohen Erkenntniswerts, seiner vermeintlichen Objektivität und seiner entscheidenden Rolle im Zivilisationsprozess führt der Sehsinn von je her die Hierarchie der Sinne an. Der Buchdruck als wichtigste technische Neuerung der Neuzeit führt zum end-

---

73 Vgl. Jütte, Robert: Geschichte der Sinne. Von der Antike bis zum Cyberspace. München: Beck 2000. S. 185.

74 Vgl. Corbin, Alain: Pesthauch und Blütenduft. Eine Geschichte des Geruchs. Berlin: Wagenbach 2005. S. 86.

75 Ebd. S. 98.

76 Vgl. Morris, Edwin: Düfte. Die Kulturgeschichte des Parfums. Düsseldorf: Patmos 2006. S. 11.

77 Vgl. Corbin, A.: Pesthauch und Blütenduft. S. 118.

78 Vgl. Morris E.: Düfte. S. 147f.

79 Jütte, R.: Geschichte der Sinne. S. 73.

gültigen Durchbruch der visuellen Kultur,[80] die schließlich durch die Erfindung von Fernglas, Mikroskop, Camera obscura, Fotografie, etc. in ihrer Dominanz bekräftigt wird.[81] Der zur Abstraktion neigende moderne Mensch ist ein Augenwesen, dem nicht von ungefähr das *„Licht* der Erkenntnis"* zuteil wird:[82]

> Viele Philosophen beziehen sich auf den Gesichtssinn, nur wenige auf das Gehör, und noch weniger setzen ihr Vertrauen auf den Tast- oder den Geruchssinn. Die Abstraktion zerschneidet den empfindenden Körper; sie grenzt Geschmack, Gehör und Tastsinn aus, behält nur Gesichtssinn und Gehör, Anschauung und Erkenntnisvermögen, zurück.[83]

Traditionelle Allegorien für den Sehsinn sind dementsprechend Luchs, Adler oder Eule – während Hund, Geier oder Insekt für den Geruchssinn stehen.[84] Denn im Gegensatz zum Sehsinn bleibt der Geruchssinn für den Menschen merkwürdig diffus und der ungreifbaren Sphäre des Mythischen oder der niederen Sphäre des Tierischen zugeordnet. Vornehmlich die Bedeutung des Geruchssinns für die sexuelle Triebnatur und instinktgeleitete Partnerwahl führte früh zu seiner Schmähung von Seiten der Religion:

> Es hat mit der Geschichte des Christentums zu tun, dass der olfactorius, der archaischste der Sinne des einst noch instinktsicheren Homo sapiens, vernachlässigt wurde, dass er in der Hierarchie der Sinne wegen der Hässlichkeit der Nase, ihren triebhaft-tierischen, vorzüglich mit Sexualität verbundenen Tätigkeiten […] zu leiden hatte.[85]

Die traditionelle und dem Christentum suspekte Verbindung des Geruchssinns mit dem Bereich des Instinkts, des Triebs, der Sexualität und der einer Kontrolle durch die Ratio entzogenen Affekte lässt sich heute wissenschaftlich erläutern:

---

80   Vgl. Jütte, R.: Geschichte der Sinne. S. 77ff.

81   Vgl. ebd. S. 202ff.

82   Vgl. ebd. S. 100.

83   Serres, Michel: Die fünf Sinne. Eine Philosophie der Gemenge und Gemische. Frankfurt a. M.: Suhrkamp 1998 (= suhrkamp taschenbuch wissenschaft 1389). S. 24.

84   Vgl. Jütte, R.: Geschichte der Sinne. S. 86.

85   Frizen, Werner/Spancken, Marilies: Patrick Süskind. Das Parfum. 2. überarb. Aufl. München: Oldenbourg 1998 (= Oldenbourg Interpretationen 78). S. 46.

Etwa zwanzig Kubikmeter atmosphärischer Luft passieren täglich unsere Lungen, aber nur zwei Prozent davon werden zu unseren zwei Riechflächen hinaufgeleitet. [...] Dieser Zellenbereich, der in die umgebende Luft hineinstößt und sie erforscht, ist einem anderen Teil angeschlossen, der mit dem Gehirn verbunden ist. Der betreffende Gehirnbereich gehört zum limbischen System, das mit Gefühlen, Sexualität und Ernährung befaßt ist. [...] Diese Nervenfasern des olfaktorischen Systems führen direkt zu diesem Gehirnbereich, ohne zuerst wie andere Sinne die Schaltzentrale, den Thalamus passieren zu müssen. [...] Der Geruchssinn umgeht, anders als Gesicht oder Gehör, das denkende Hirn, die Hirnrinde.[86]

Die zu einer geruchsneutralen Umgebung führende, um die Mitte des 18. Jahrhunderts einsetzende Hygiene- und Desodorisierungsbewegung ist also auch das Projekt des aufgeklärten Menschen, mit den Gerüchen eine Welt der unkontrollierbaren, tierischen Instinkte und der unwägbaren Gefühle auszuschalten.

Dies ist jedoch nur ein Schritt – wenngleich sicher der größte, entscheidendste und nachhaltigste – in einer langen Geschichte des im Laufe der Evolution mehr und mehr abstumpfenden Geruchssinns. Einer Geschichte übrigens, die in der Ontogenese des Menschen gleichsam noch einmal nachvollzogen wird: Während der Geruchssinn bei Neugeborenen als erster vollkommen ausgeprägt ist,[87] büßt der Mensch im Alter von 10 und 18 Jahren jeweils einen Teil der Empfindungsfähigkeit seines Geruchssinns ein.[88] Der Philosoph Michel Serres etwa sieht die Ursache für die Verkümmerung der Sinne im Allgemeinen und des olfaktorischen Sinns im Speziellen im zunehmenden Fortschritt der Abstraktion, insbesondere der Ausbreitung von Sprache und Codes:

Der Triumph des geschriebenen Wortes führte zu einer Wahrnehmungskatastrophe. Das Zeitalter der Wissenschaft brachte neue Bilderstürmer auf der Ebene der Sinne hervor und zerstörte von Grund auf ein Wissen, das dem Wahrgenommenen sehr nahe war. Uns bleiben davon nur Ruinen, Spuren, Fossilien.[89]

In einer Welt der fensterlosen, neonlicht-durchfluteten Computerarbeitsplätze verliere der Mensch die authentische Fühlung zur physischen

---

86   Morris, E.: Düfte. S. 50f.
87   Vgl. Kasper, Josef: Die Nase als Nabel der Welt. Erkundungen und Reflexionen im Universum des Olfaktorischen. In: Der Deutschunterricht 48 (1996). S. 44.
88   Vgl. Morris, E.: Düfte. S. 58.
89   Serres, M.: Die fünf Sinne. S. 339.

Basis seines Daseins.[90] Die sprachliche Entwicklung scheint diese Beobachtung widerzuspiegeln:

> Indem die moderne Stadt allmählich geruchsärmer wurde und darüber hinaus dem Körpergeruch von seiten der damals aufkommenden Gesundheits- und Hygienebewegung [...] der Kampf angesagt wurde, verringerte sich spätestens mit dem 18. Jahrhundert der Geruchswortschatz, zumindest im Deutschen. Von der Vielzahl der Wörter, die noch bis weit in die frühneuhochdeutsche Zeit hinein die verschiedenen Formen der Geruchsempfindung beschrieben, sind in der Gegenwart nur noch etwa ein Viertel erhalten geblieben.[91]

Und selbst wo unser olfaktorisches Lexikon es hergeben müsste, bestätigen physiologische Untersuchungen, wie schwer es fällt, geruchliche Wahrnehmungen sprachlich zu artikulieren.[92] Unsere sterile Umwelt macht intensive Empfindungen des Geruchssinns zu Ausnahmeerscheinungen: „Das geruchlos Tiefgefrorene für den teigigen Dickwanst, in Zellophan gehüllt, damit niemand es riecht und berührt – Vorsicht Keime! –, ist nur auf praktischen Etiketten zu lesen [...]."[93]

Robert Jütte glaubt jedoch, entgegen dieser langen Periode der Entsinnlichung in der Postmoderne eine Wiederentdeckung der Sinne erkennen zu können. Gerade im Hinblick auf den Geruchssinn, der sich im Blick auf seine Geschichte zugleich als Sonder- und Paradefall der Sinnlichkeit entpuppt hat, spricht er von einem Prozess der „Reodorierung", hinter dem er eine Suche nach Spiritualität und Erfüllung vermutet.[94] Es wäre dies eine Bewegung, in die sich Süskinds Roman auf den ersten Blick wunderbar einpassen würde. Ob es hier aber wirklich darum geht, einen Beitrag zur Sehnsucht des sterilen Menschen nach Sinnlichkeit zu leisten, wird die folgende Untersuchung der Ausformung zentraler Genie-Merkmale unter dem Vorzeichen des absoluten Geruchssinns erweisen.

---

90   Vgl. Serres, M.: Die fünf Sinne. S. 345f.

91   Jütte, R.: Geschichte der Sinne. S. 229.

92   Vgl. Frizen, W./Spancken, M.: Patrick Süskind. Das Parfum. S. 47.

93   Serres, M.: Die fünf Sinne. S. 250.

94   Vgl. Jütte, R.: Geschichte der Sinne. S. 299.

3.3 Das Geruchsgenie als Kippfigur

3.3.1 Kind der Natur und witterndes Animal

Der intensive Bezug des Genies zur pantheistisch als göttlich-beseelt empfundenen Allnatur wurde in den Ausführungen zur Entstehung des Geniegedankens als eine der Konstituenten des ursprünglichen Genie-konzepts identifiziert, wobei der Status des Originalgenies als Kind der Natur unter anderem darin Ausdruck findet, dass sein geniales Talent als natürliche Gabe angeboren ist (s. 2.1.1).

Jean Baptiste Grenouille – auch er ist ein von der Natur mit besonderen Begabungen ausgestattetes Genie. Von Geburt an verfügt er über einen absoluten Geruchssinn, von Geburt an fehlt ihm im Gegenzug dazu jeglicher Eigengeruch. Und diese Geburt geschieht nicht irgendwo und irgendwie, sondern unter ganz besonderen, seiner genialen Begabung entsprechenden Umständen. Diese werden vom Erzähler sorgfältig in einer stufenweisen Fokussierung präzisiert, so dass schließlich die Bühne für den Auftritt des Genies einprägsam vorbereitet ist:

> Im achtzehnten Jahrhundert lebte in Frankreich ein Mann, der zu den genialsten und abscheulichsten Gestalten dieser an genialen und abscheulichen Gestalten nicht armen Epoche gehörte. [...] Zu der Zeit, von der wir reden, herrschte in den Städten ein für uns moderne Menschen kaum vorstellbarer Gestank. [...] Und natürlich war in Paris der Gestank am größten, denn Paris war die größte Stadt Frankreichs. Und innerhalb von Paris wiederum gab es einen Ort, an dem der Gestank ganz besonders infernalisch herrschte, zwischen der Rue aux Fers und der Rue de la Ferronnerie, nämlich den Cimi-tière des Innocents. [...] Hier nun, am allerstinkendsten Ort des gesamten Königreichs, wurde am 17. Juli 1738 Jean-Baptiste Grenouille geboren.[95]

Grenouille, dessen gefühllose Mutter ihn eigentlich unter den Fischabfäl-len, in die er hineingeboren wird, sterben und entsorgen lassen will, überlebt die bestialischen Umstände seiner Geburt und wächst nun unter widrigen Gegebenheiten auf in einer Welt, die er sich in erster Linie über seinen genial differenzierten Geruchssinn erschließt. Diese Art des sinn-lichen Daseins liegt dabei ganz in einer Linie mit der traditionellen Na-turnähe des Genies, gilt doch gerade der olfaktorische Sinn als Sinn der unmittelbaren Nähe, der eine intensive Einheit zwischen Außenwelt und

---

95 Süskind, Patrick: Das Parfum. Die Geschichte eines Mörders. Zürich: Diogenes 1994 (= Diogenes Taschenbuch 22800). S. 5ff.

Seele erlaubt.[96] Die direkte Affektion durch Gerüche, die wie oben beschrieben in ihrer Wahrnehmung durch das Nervensystem das Denken umgehen (s. 3.2), verbürgt eine besonders authentische Fühlung mit der Umgebung. Und tatsächlich zeichnet sich schon das Kind Grenouille in seiner olfaktorischen Existenz durch einen der Verschmelzung nahen Bezug zu der ihn umgebenden Natur aus:

> Grenouille saß mit ausgestreckten Beinen auf dem Stapel, den Rücken gegen die Schuppenwand gelehnt, er hatte die Augen geschlossen und rührte sich nicht. Er sah nicht, er hörte und spürte nichts. Er roch nur den Duft des Holzes, der um ihn herum aufstieg und sich unter dem Dach wie unter einer Haube fing. Er trank diesen Duft, er ertrank darin, imprägnierte sich damit bis in die letzte innere Pore, wurde selbst Holz, wie eine hölzerne Puppe, wie ein Pinocchio lag er auf dem Holzstoß, wie tot, bis er, nach langer Zeit, vielleicht nach einer halben Stunde erst, das Wort »Holz« hervorwürgte. Als sei er angefüllt mit Holz bis über beide Ohren, als stünde ihm das Holz schon bis zum Hals, als habe er den Bauch, den Schlund, die Nase übervoll von Holz, so kotzte er das Wort heraus.[97]

Lebt Grenouille also in ähnlich teilhabender Weise am Busen der Natur, wie es der Geniegedanke ursprünglich propagiert? In gewisser Hinsicht ja. Der zentrale Unterschied jedoch besteht in einem geänderten Verständnis des natürlichen Urgrundes. An die Stelle der göttlich durchwalteten Allnatur tritt eine biologistisch verstandene Instinktnatur. Zwar ermöglicht sein besonderes Talent Grenouille ein intensives Verhältnis zu seiner Umwelt, aber indem der Geruchssinn gleichzeitig stark mit der Sphäre des Animalischen assoziiert ist, ist Grenouilles Wahrnehmung im Wesentlichen die ursprünglich-triebhafte eines Tiers. Es wurde darauf hingewiesen, dass der primitive Geruchssinn in der Sinnesskala des sich zu höherer Erkenntnis berufen fühlenden Menschen hinter Seh- und Hörsinn zurücksteht:

> Als Sinn der Lust, der Begierde, der Triebhaftigkeit trägt das Riechorgan den Stempel der Animalität. Riechen und Schnüffeln erinnern an etwas Tierisches. [...] Die Schärfe des Geruchssinns steht im umgekehrten Verhältnis zur Entwicklung der Intelligenz.[98]

Zwar handelt es sich hierbei selbstverständlich um ein Stereotyp, aber eben diese werden ja in „Das Parfum" aufgerufen und sind von zentraler

---

96   Vgl. Corbin, A.: Pesthauch und Blütenduft. S. 117.
97   Süskind, P.: Das Parfum. S. 32.
98   Corbin, A.: Pesthauch und Blütenduft. S. 15.

Wichtigkeit, wenn es um die Bedeutung des Geruchssinns für die Genieinterpretation geht. Denn in der Tat heißt es von dem Sinnlichkeitsgenie
Grenouille, dass seine Intelligenz nicht besonders ausgeprägt zu sein
scheint und sein Lehrer ihn sogar für schwachsinnig hält.[99] Nur mühsam
lernt er laufen und sprechen – und letzteres nur, solange sich mit den
erlernten Wörter riechbare Dinge bezeichnen lassen:

> Mit den Zeitwörtern, den Adjektiven und Füllwörtern hatte er es
> weniger. Bis auf »ja« und »nein« […] gab er nur Hauptwörter, ja ei-
> gentlich nur Eigennamen von konkreten Dingen, Pflanzen, Tieren
> und Menschen von sich, und auch nur dann, wenn ihn diese […]
> unversehens geruchlich überwältigten. […] Mit Wörtern, die keinen
> riechenden Gegenstand bezeichneten, mit abstrakten Begriffen also,
> vor allem ethischer und moralischer Natur, hatte er die größten
> Schwierigkeiten. […] Recht, Gewissen, Gott, Freude, Verantwortung,
> Demut, Dankbarkeit usw. – was damit ausgedrückt sein sollte, war
> und blieb ihm schleierhaft.[100]

Wie andere Genies vor ihm zieht Grenouille die konkret fühlbare, d.h. in
diesem Fall riechbare Welt also der geistigen Abstraktion vor. Hier aber
mit der zu Ende gedachten Konsequenz, dass für das naturnah-anima-
lische Geruchsgenie Ethik und Moral als Maßstab hinfällig, ja nicht einmal mehr begreifbar sind.

Die traditionelle Verbindung des Geruchssinns mit den Primitivismen
grauer Vorzeit, dem naturhaft Animalischen wie dem irrational Mythischen, wird auch in den Gedanken von Pater Terrier beschworen, nachdem ihm die Amme Bussie den Säugling Grenouille mit der Begründung
zurückgebracht hat, sie möchte ihn nicht mehr in ihrer Obhut haben,
weil er nach nichts rieche und deshalb vermutlich mit dem Teufel im
Bunde sei:

> Gerade daß sie [die Amme] ihn entdeckt zu haben glaubte, war ein
> sicherer Beweis dafür, daß da nichts Teuflisches zu entdecken war
> […]. Und noch dazu mit der Nase! Mit dem primitiven Geruchsor-
> gan, dem niedrigsten der Sinne! Als röche die Hölle nach Schwefel
> und das Paradies nach Weihrauch und Myrrhe! Schlimmster Aber-
> glaube, wie in dunkelster heidnischster Vorzeit, als die Menschen
> noch wie Tiere lebten, als sie noch keine scharfen Augen besaßen,
> die Farbe nicht kannten, aber Blut riechen zu können glaubten,
> meinten, Freund von Feind zu erriechen, von kannibalischen Riesen
> und Werwölfen gewittert und von Erinnyen gerochen zu werden,

---

99   Vgl. Süskind, P.: Das Parfum. S. 35.
100   Ebd. S. 31ff.

und ihren scheußlichen Göttern stinkende, qualmende Brandopfer brachten. Entsetzlich! ›Es sieht der Narr mit der Nase‹ mehr als mit den Augen, und wahrscheinlich mußte das Licht der gottgegebenen Vernunft noch tausend weitere Jahre leuchten, ehe die letzten Reste des primitiven Glaubens verscheucht waren.[101]

Pater Terriers Denken bewegt sich hier ganz in den Bahnen der Zeit: Während Gesichts- und Gehörsinn als intellektuelle und ästhetische Sinne gelten, werden Geruchs- und Tastsinn als Sinne des primitiven und tierischen Lebens diffamiert.[102] Um diesen traditionellen Gegensatz für das Spezifische des olfaktorischen Genies fruchtbar zu machen, werden Auge und Nase in „Das Parfum" immer wieder bewusst gegenübergestellt und gegeneinander ausgespielt. So z.B. in folgender zentraler Beschreibung des Säuglings Grenouille:

> Da erwachte das Kind. Es erwachte zuerst mit der Nase. Die winzige Nase bewegte sich, sie zog sich nach oben und schnupperte. Sie sog die Luft ein und schnaubte sie in kurzen Stößen aus [...]. Dann rümpfte sich die Nase und das Kind tat die Augen auf. Die Augen waren von unbestimmter Farbe, zwischen austerngrau und opalweiß-cremig, von einer Art schleimigem Schleier überzogen und offenbar noch nicht sehr gut zum Sehen geeignet. Terrier hatte den Eindruck, daß sie ihn gar nicht gewahrten. Anders die Nase. [...] Die winzigen Nasenflügel um die zwei winzigen Löcher mitten im Gesicht des Kindes blähten sich wie eine aufgehende Blüte. Oder eher wie die Näpfe jener kleinen fleischfressenden Pflanzen, die man im botanischen Garten des Königs hielt.[103]

Hier wird zum einen der ausgeprägte Geruchssinn in dezidierter Absetzung zum offensichtlich unterentwickelten Sehsinn betont und gleichzeitig in die bekannte Nähe zur pflanzlich-organischen Natur gerückt. Jedoch nicht mehr einer positiv verstandenen, harmonischen Allnatur, wie man sie in der Perfektion einer aufgehenden Blüte empfinden könnte, sondern einer erbarmungslosen Triebnatur, in der nichts gilt als das Gesetz von Fressen und Gefressenwerden. Grenouille braucht seine Augen nicht, um die Welt wahrzunehmen – und in dem seltenen Fall, dass er sie tatsächlich doch einmal zu Rate zieht, weil er seiner Nase nicht traut, ist von einer freilich nicht lange dauernden Sinnesverwirrung die Rede.[104] Dann heißt es: „Für einen Moment war er so ver-

---

[101]   Süskind, P.: Das Parfum. S. 19f.

[102]   Vgl. Corbin, A.: Pesthauch und Blütenduft. S. 274.

[103]   Süskind, P.: Das Parfum. S. 22f.

[104]   Vgl. ebd. S. 54.

wirrt, daß er tatsächlich dachte, er habe in seinem Leben noch nie etwas so Schönes gesehen wie dieses Mädchen. [...] Er meinte natürlich, er habe noch nie so etwas Schönes gerochen."[105] Hier wird dem Leser auf durchaus ironische Weise deutlich gemacht, wie sehr er selbst in optischen Kategorien verhaftet ist. Anders das Geruchsgenie, das seine Umwelt witternd und darum genauer und treffsicherer als jeder andere Mensch wahrnimmt.[106] Haben die Menschen im Laufe der Evolution ihren Geruchssinn zunehmend verloren und sogar bewusst als tierisches Relikt zurückgedrängt, so kommt darin immer auch die Urangst zum Ausdruck, die triebhafte Unmittelbarkeit der olfaktorischen Wahrnehmung könnte der abstrahierenden des Auges auf schwer greifbare und deshalb unheimliche Weise überlegen sein. Und auch daran wird im Fall des Geruchsgenies Grenouille kein Zweifel gelassen:

> Es war Terrier, als sehe ihn das Kind mit seinen Nüstern, als sehe es ihn scharf und prüfend an, durchdringender, als man es mit Augen könnte, als verschlänge es etwas mit seiner Nase, das von ihm Terrier, ausging und das er nicht zurückhalten und nicht verbergen konnte... Das geruchlose Kind roch ihn schamlos ab, so war es! Es witterte ihn aus![107]

Das der Erkenntnis vermeintlich so zuträgliche Auge ist wesentlich leichter zu täuschen als die animalisch scharfe Nase. Vor diesem Hintergrund ist Baldinis spätere Feststellung, der präzise im Dunkeln agierende Grenouille habe wohl scharfe Augen,[108] nichts weiter als der hilflose Erklärungsversuch des Unbegreiflichen von Seiten eines sinnlich defizitären Wesens. Statt der distanzierenden Reflexion des Augenmenschen begründet die auf dem Geruchssinn als Sinn der Nähe basierende natürlich-elementare Lebensunmittelbarkeit Grenouilles Dasein. Seine Wahrnehmungs- und Existenzweise ist als die eines Tieres der des aufgeklärten Bürgers entgegengesetzt: „Das Auge und die mit ihm assoziierte Lichtmetaphorik, wodurch die Aufklärung und ihre Erbschaft in den Blick gerückt werden, sind für Grenouilles Menschen- und Weltbild irrelevant."[109]

---

[105] Süskind, P.: Das Parfum. S. 54.

[106] Vgl. u.a. ebd. S. 40.

[107] Ebd. S. 23.

[108] Vgl. ebd. S. 98.

[109] Steinig, Swenta: Postmoderne Phantasien über Macht und Ohnmacht der Kunst. Vergleichende Betrachtung von Süskinds Parfum und Ransmayers Letzte Welt. In: Literatur für Leser 20 (1997). S. 46.

Grenouilles Genie ist nicht nur von Natur aus angeboren, sondern *ist* Natur – und zwar ursprünglich-animalische Natur. Dies kommt auch in Grenouilles Namen, der übersetzt „Frosch" bedeutet, sowie zahlreichen expliziten und impliziten Analogien zum Tierreich zum Ausdruck. So wird Grenouille im Laufe der Geschichte als Animal,[110] Spinne,[111] Bakterium,[112] Raubfisch,[113] Kröte,[114] Hund[115] und – dies als roter Faden – immer wieder als Zeck[116] bezeichnet. Seine Jagd nach immer neuen Düften gleicht denn auch nicht von ungefähr dem Beutezug eines Raubtieres:

> Oft blieb er stehen […], mit geschlossenen Augen, halbgeöffnetem Mund und geblähten Nüstern, still wie ein Raubfisch in einem großen, dunklen, langsam fließenden Wasser. Und wenn endlich ein Lufthauch ihm das Ende eines zarten Duftfadens zuspielte, dann stieß er zu und ließ nicht mehr los, dann roch er nichts mehr als diesen einen Geruch, hielt ihn fest, zog ihn in sich hinein und bewahrte ihn in sich für alle Zeit.[117]

Dementsprechend ist Grenouilles Lebensweg über weite Strecken von Stadien mehr tierischen als menschlichen Daseins geprägt. Angefangen von seiner Geburt in stinkenden Schlachtabfällen über seine Arbeit als Gerbergeselle – nach überstandenem, Grenouille von nun an Immunität verleihenden Milzbrand heißt es von seinem Eigentümer: „Grimal hielt ihn nicht mehr wie irgendein Tier, sondern wie ein nützliches Haustier."[118] – bis hin zu seinem gänzlich vegetativen Dasein auf dem Plomb du Cantal.[119] Grenouilles Lebensweg ist ein „Grenzgängertum […] zwischen der menschlichen und der natürlichen Welt".[120] Gerade in den Anfängen ist das naturnahe Dasein des Geruchsgenies – konsequenter Weise, muss man feststellen – auch ein darwinistischer Überlebens-

---

110 Vgl. Süskind, P.: Das Parfum. S. 24.
111 Vgl. ebd. S. 24, 30, 99.
112 Vgl. ebd. S. 27.
113 Vgl. ebd. S. 44.
114 Vgl. ebd. S. 96.
115 Vgl. ebd. S. 116.
116 Vgl. ebd. S. 27, 29, 41, 43, 90, 114.
117 Ebd. S. 44.
118 Ebd. S. 43.
119 Vgl. ebd. S. 155ff.
120 Ryan, Julia: Pastiche und Postmoderne. Patrick Süskinds Roman Das Parfum. In: Spätmoderne und Postmoderne. Beiträge zur deutschsprachigen Gegenwartsliteratur. Hrsg. von Paul Michael Lützeler. Frankfurt a. M.: Fischer 1991 (= Fischer Taschenbücher 10957). S. 96.

kampf.[121] Er beginnt mit Grenouilles Geburt inmitten von Fischgedärmen, die nach der Mutter wie bei seinen vier älteren Geschwistern ohne Umweg in den Tod hätte führen sollen. Die Nähe des Friedhofs, der allgegenwärtige Leichengeruch und das als bloßes, blutiges Fleisch wahrgenommene Neugeborene[122] zeigen an, worum es hier unter anderem geht: um einen Kampf auf Leben und Tod. Grenouille stößt einen Schrei aus, der ihm das Überleben sichert und für seine Mutter zur Verurteilung als Kindsmörderin führt:

> Der Schrei nach seiner Geburt, der Schrei unter dem Schlachttisch hervor, mit dem er sich in Erinnerung und seine Mutter aufs Schafott gebracht hatte, war kein instinktiver Schrei nach Mitleid und Liebe gewesen. Es war ein wohlerwogener, fast möchte man sagen ein reiflich erwogener Schrei gewesen, mit dem sich das Neugeborenene *gegen* die Liebe und dennoch *für* das Leben entschieden hatte. [...] Selbstverständlich entschied er sich nicht, wie ein erwachsener Mensch sich entscheidet, der seine mehr oder weniger große Vernunft und Erfahrung gebraucht, um zwischen verschiedenen Optionen zu wählen. Aber er entschied sich doch vegetativ, so wie eine weggeworfene Bohne entscheidet, ob sie nun keimen soll oder ob sie es besser bleiben läßt.[123]

Und auch im Folgenden ist seine Kindheit im Waisenhaus in erster Linie ein pures Überleben – nicht nur, was die Mordanschläge der anderen Kinder betrifft. Statt wie seine Vorläufer Begeisterung am Busen der göttlichen Natur erfährt das olfaktorische Originalgenie Grenouille die Selektion des Stärkeren:

> Er besaß eine zähe Konstitution. [...] Er konnte tagelang wäßrige Suppen essen, er kam mit der dünnsten Milch aus, vertrug das faulste Gemüse und verdorbenes Fleisch. Im Laufe seiner Kindheit überlebte er die Masern, die Ruhr, die Windpocken, die Cholera, einen Sechsmetersturz in einen Brunnen und die Verbrühung der Brust mit kochendem Wasser. [...] Er war zäh wie ein resistentes Bakterium und genügsam wie ein Zeck, der still auf einem Baum sitzt und von einem winzigen Blutströpfchen lebt, das er vor Jahren erbeutet hat.[124]

Grenouille kann sich vor allem deshalb durchsetzen, weil er seinem naturhaft-instinktivem Dasein in der Welt der Gerüche gemäß seine

---

121   Vgl. Hallet, W.: Das Genie als Mörder. S. 277.

122   Vgl. Süskind, P.: Das Parfum. S. 6ff.

123   Ebd. S. 28.

124   Ebd. S. 27.

Ansprüche auf das Überlebenswichtige reduziert und menschliche Bedürfnisse wie Geborgenheit und Liebe „– oder wie die ganzen Dinge hießen, deren ein Kind angeblich bedurfte –"[125] für ihn entbehrlich sind.

Seinen absoluten Höhepunkt erreicht das animalische Dasein Grenouilles schließlich während der sieben Jahre in der Höhle auf dem Plomb du Cantal, in die er sich zurückzieht, um sich ganz und gar seiner Duftwelt zu widmen. Während er sich innerlich an erinnerten Wohlgerüchen berauscht, regrediert er äußerlich vollends zum Tier. Um das schiere Überleben zu sichern, leckt er Wasser von einem Felsen und ernährt sich notdürftig von kleinen Tieren, Gras, Flechten und Beeren: „Auf allen vieren kroch er aus dem Stollen. [...]. Er ging zur Wasserstelle, leckte die Feuchtigkeit von der Wand [...]. Er riß sich ein paar Fetzen Moos von den Steinen, würgte sie in sich hinein, hockte sich hin, schiß während er fraß [...]."[126] Das also ist aus dem enthusiastischen Bezug des Genies zur ursprünglichen, harmonischen Allnatur geworden: das viehische Dasein einer gleichzeitig fressenden und scheißenden Bestie. Grenouille entwickelt sich in seiner Abstinenz äußerlich soweit zurück, dass er, von Natur aus hässlich und durch zahlreiche überstandene Krankheiten noch weiter entstellt, nach seiner Rückkehr in die Gesellschaft für eine Mischung aus Mensch und Tier gehalten wird.[127] Der vermeintlich so aufgeklärte Marquis de la Taillade-Espinasse, der den verwilderten Grenouille unter seine Fittiche nimmt und sein Bestes tut, um mittels progressiv-wissenschaftlicher Höhenluft-Theorien und vor allem Kosmetik und Schminke die tierische zugunsten der menschlichen Seite an Grenouille zu unterdrücken, muss am Ende scheitern: die nun augenscheinlich normalmenschlich wirkende Gestalt im Spiegel bläht tierisch-verstohlen die Nüstern.[128] Die Tiernatur des olfaktorischen Genies bleibt als letzte Konsequenz der genialen Naturteilhabe stets präsent.

Die Kritik hat spontan begeistert auf die Hinwendung zum Animalisch-Ursprünglichen in der Geschichte des Geruchsgenies reagiert. So war etwa im Spiegel-Artikel mit dem Titel „Ein Stänkerer gegen die Deo-Zeit" zu lesen:

> In unserer Zeit, "wo sämtliche Gerüche zum Schweigen gebracht wurden" (Corbin), hat Süskind die irdischen Elemente Gestank, Schmutz, Schweiß und Scheiße wieder zum Dampfen gebracht. Sein

---

[125]   Süskind, P.: Das Parfum. S. 28.
[126]   Ebd. S. 167f.
[127]   Vgl. ebd. S. 177.
[128]   Vgl. ebd. S. 185f.

Buch ist eine Reise zurück zu den animalischen Instinkten und eine Stänkerei gegen die moderne Deo-Zeit.[129]

Ähnlich äußerte man sich in der Frankfurter Rundschau:

> „Gestank": das ist die Ausdünstung des Lebens, die Duftmarke der Natur, Kennzeichen menschlicher Kreatürlichkeit; [...] Nicht ohne Grund spielt der Hygiene-Kult eine so große Rolle im Verdrängungshaushalt von „uns modernen Menschen" [...].[130]

Diese Reaktionen auf den Roman scheinen perfekt zu dem weiter oben beschriebenen Gefühl des Sinnlichkeitsverlusts in einer abstrakten Welt und der von Jütte konstatierten postmodernen Wiederentdeckung der Sinne zu passen (s. 3.2). Doch nach den Ergebnissen der Analyse drängt sich im Hinblick auf die eigentliche Aussage der Mär vom olfaktorischen Genie eine so ganz andere Schlussfolgerung auf. Ist es nicht genau diese Sehnsucht nach Fühlung mit der ursprünglichen Natur, die hier als naiv ad absurdum geführt wird? Die in der Geniezeit noch propagierte Teilhabe an einer harmonischen Natur ist vor dem Hintergrund einer biologistisch verstandenen Natur schlichtweg unmöglich geworden. Der Weg zurück zur Natur, wie ihn das Genie des Geruchssinns par excellence verkörpert, führt nicht mehr zu einer ganzheitlichen Existenz, sondern zu einem triebhaften, asozialen Dasein als ums Überleben kämpfendes, witterndes Animal ohne jeden Begriff von Moral oder Liebe. Grenouille zeichnet sich also durchaus durch den genietypischen Bezug zur Natur aus, doch ist er nicht mehr das Naturkind des 18. Jahrhunderts, sondern eine amoralische Bestie – eine Daseinsform, die bei genauerer Überlegung wohl niemand der Gegenwart als wünschenswerte Therapie gegenüberstellen würde.

3.3.2 Authentische Innerlichkeit und Duft-Autismus

Neben einem besonderen Naturbezug findet die Sehnsucht nach Unmittelbarkeit, der Kult des Authentischen und Ursprünglichen in Verbindung mit der Betonung des individuellen Subjekts Ausdruck in einer weiteren Konstante des Geniekonzepts: der Hinwendung zur Sphäre der Innerlichkeit und der Welt der elementaren Gefühle, wobei der Absolutheitsanspruch des aus authentischer Empfindung schöpferischen Genies zu einer radikalen Verinnerlichung jenseits aller normativen Vorgaben führt (s. 2.2.1). Von Anfang an wird dabei die „Gefahr der Ideologisie-

---

[129] Fischer, Michael: Ein Stänkerer gegen die Deo-Zeit. In: Der Spiegel (04.03.1985).

[130] Schütte, Wolfram: Parabel und Gedankenspiel. Patrick Süskinds erster Roman „Das Parfum". In: Frankfurter Rundschau (06.04.1985).

rung des Genie-Denkens im Sinne eines Freibriefs für [...] phantastische Ich-Sucht"[131] und den Rückzug in einen egozentrischen Subjektivismus bis hin zum weltfernen Autismus erkannt, was schließlich zur Auflösung des Geniekonzepts im Humanitätsgedanken führt. Die gesellschaftliche Integration sollte der Entwicklung des Genies zum schwärmerischen Sonderling jenseits sozialer Normen Einhalt gebieten. Doch wie beschrieben bricht der Subjektivismus schon im Programm der Frühromantik wieder durch und seine Gefahren manifestieren sich in der zwar gefeierten, aber stets gefährdeten romantischen, mystisch-weltfernen Künstlerexistenz. Die Geniebewegung des 18. Jahrhunderts bildet mit ihrer radikalen Betonung der eigenen Innerlichkeit den Anfangspunkt einer weitreichenden Antithese: „So entwickelt sich zum ersten Mal, aus dem Genie-Denken, die Grundkategorie künstlerischer Tragik: der Widerspruch zwischen Kunst und Leben [...]."[132] Der enthusiastische Wille zu einer authentischen Fühlung mit der innerlichen Lebendigkeit schlägt früh um in isolierte Lebensferne. Die ursprünglich emanzipatorisch motivierte Hinwendung zur subjektiven Individualität führt schließlich zum Verlust des Bezugs zur Außenwelt und damit in letzter Konsequenz zum Verlust des Ichs. Goethes Werther verkörpert das Paradebeispiel für die Mündung der Absolutsetzung der eigenen Innerlichkeit in Selbstzerstörung.[133] Die dem Geniegedanken eigene Wendung nach innen wirkt sich somit nicht schöpferisch, sondern destruktiv aus: „Wahnsinn, Verbrechen, Selbstmord – das sind drei Grenzwerte des Subjektivismus."[134] Frühe Kritik an der „Sekte der Empfindler"[135] und Plädoyers für den notwendigen Ausgleich der fühlenden und erkennenden Kräfte, wie sie u.a. Herder[136] oder Jean Paul in der „Vorschule der Ästhetik" formuliert haben,[137] erscheinen hinsichtlich der destruktiven Ambivalenz des Innerlichkeitskults als unfruchtbare Versuche der Schadensbegrenzung. Ein Autor, der die Gefahren selbstverfallener Subjektivität immer wieder thematisiert, ist E.T.A. Hoffmann:

> Fast alle seine Werke leben aus dem Gegensatz von künstlerischer Subjektivität und äußerer Realität. Seine grundlegende Annahme ist die einer genialisch-dämonischen Innerlichkeit – einer Innerlichkeit

---

[131] Schmidt, J.: Die Geschichte des Genie-Gedankens I. S. 321.

[132] Ebd. S. 231.

[133] Vgl. ebd. S. 332.

[134] Ebd. S. 335.

[135] Herder, J. G.: Vom Erkennen und Empfinden der menschlichen Seele. S. 377.

[136] Vgl. ebd. S. 356ff.

[137] Vgl. Jean Paul: Vorschule der Ästhetik. In: Jean Paul. Werke. Hrsg. von Norbert Miller. Bd. 5. 5. Aufl. München: Hanser 1987. S. 56.

aber, die sich nicht über die Welt leicht hinwegsetzt, sondern in einem problematischen Verhältnis zu ihr steht, aus dem sich immer wieder Leiden, Zerstörung und Wahnsinn ergeben.[138]

In „Das Fräulein von Scuderi" zeichnet er mit dem genialischen Goldschmied René Cardillac einen egozentrischen Künstler, der zum Verbrecher wird, weil er seine Kunden ermorden muss, um seine vollkommenen Kunstwerke zurückzuerlangen. Nicht von ungefähr werden Parallelen zwischen dem mörderischen Schmuckkünstler und dem mörderischen Duftgenie augenscheinlich. Und heißt es dann von Cardillac auch noch, er „war damals der geschickteste Goldarbeiter in Paris, einer der kunstreichsten und zugleich sonderbarsten Menschen seiner Zeit",[139] so drängen sich die sicher nicht zufälligen Übereinstimmungen mit Süskinds Romananfang geradezu auf. War das Kippphänomen der Naturnähe, das in der Besonderheit des olfaktorischen Genies Grenouille drastisch zur Anschauung kommt, ein dem 18. Jahrhundert noch ferner Gedanke, so bezieht sich die Vorführung des dialektischen Innerlichkeitskults am Beispiel des in sich verschlossenen Geruchsgenies also explizit auf eine lange Tradition, die bis in die Anfänge des Geniegedankens zurückreicht.

Daran, dass sich Grenouilles eigentliches geniales Leben von Kindesbeinen an in seinem Inneren abspielt, während er nach außen hin verschlossen bleibt, wird von Beginn an durch das Bild des Zecks kein Zweifel gelassen: „So ein Zeck war das Kind Grenouille. Es lebte in sich selbst verkapselt und wartete auf bessere Zeiten. An die Welt gab es nichts ab als seinen Kot […]."[140] Von seiner instinktiven Reserviertheit gegen alles, was von außen kommt, wird der Verortung in der Genietradition gemäß als einer konstitutionellen Einschränkung gesprochen.[141] Ähnlich wie im Fall des Naturbezugs ergibt sich die potenzierte Aussagekraft der dargestellten Innerlichkeitsfalle des Geniewesens gerade aus der Verschmelzung von Genie und Geruchssinn, da dieser nicht nur als animalischer Sinn, sondern auch als Sinn der Affekte und der Erinnerung, der Nähe und Intimität, des Individuellen und Singulären gilt. So stellt auch Bothe

---

138   Schmidt, J.: Die Geschichte des Genie-Gedankens II. S. 2.

139   Hoffmann, Ernst Amadeus Theodor: Das Fräulein von Scuderi. In: E.T.A. Hoffmann. Sämtliche Werke in sechs Bänden. Hrsg. von Hartmut Steinecke und Wulf Segebrecht unter Mitarbeit von Gerhard Allroggen u.a. Bd. 4: Die Serapions-Brüder. Hrsg. von Wulf Segebrecht unter Mitarbeit von Ursula Segebrecht. Frankfurt a. M.: Deutscher Klassiker Verlag 2001 (= Bibliothek deutscher Klassiker 175). S. 799.

140   Süskind, P.: Das Parfum. S. 29.

141   Vgl. ebd. S. 148.

die Bedeutung dieser Konnotation des olfaktorischen Sinns für Grenouilles verschlossenes Wesen heraus, wobei die Verbindung zu einer Interpretation des Geniegedankens leider nicht hergestellt wird:

> Der Zusammenhang von Geruch und Erinnerung, die Möglichkeit, ausgehend vom Geruch, Welten zu imaginieren und zu erfahren, welche ganz individuelle Bedeutung Gerüche haben, führen [...] ins Zentrum des Romans hinein, dessen Hauptfigur Grenouille eben auch gerade darin zum „asozialen Ungeheuer" wird, daß er sich immer gesteigerter monomanisch innere Sinneseindrücke inszeniert und verschafft, ohne damit tatsächlich einen stärkeren Bezug zu seiner Umwelt herzustellen. Grenouille als der Isolierte, Einsame ist dies auch, indem er seine inneren „Gewitter" an Sinneseindrücken seiner Umgebung eben nicht vermitteln kann oder dies auch nur will.[142]

Der traditionell enge Zusammenhang zwischen dem Geruchssinn und der innerlichen Gefühlswelt wird in „Das Parfum" exemplarisch durch den Fall der Madame Gaillard bekräftigt, die mit ihrer Riech- gleichzeitig jegliche Emotionsfähigkeit verloren hat:

> Als Kind hatte sie von ihrem Vater einen Schlag mit dem Feuerhaken über die Stirn bekommen, knapp oberhalb der Nasenwurzel, und seither den Geruchssinn verloren und jedes Gefühl für menschliche Wärme und menschliche Kälte und überhaupt jede Leidenschaft. Zärtlichkeit war ihr mit diesem einen Schlag ebenso fremd geworden wie Abscheu, Freude so fremd wie Verzweiflung.[143]

Die dem Geruchssinn zugeschriebene Macht, unsere Emotionen unbewusst steuern zu können[144] und damit „bis an die Wurzeln des Lebens vorzudringen"[145] gründet ähnlich wie seine wahrgenommene Animalität in der direkten Ansprache des limbischen Systems, bzw. – in der Sprache des 18. Jahrhunderts – in der Nähe der Nase zum Gehirn.[146] Die Vorstellung vom direkten Weg, der von den Gerüchen unausweichlich zu den innersten Refugien des Menschen führt, wird in „Das Parfum" unmissverständlich beschworen:

---

[142] Bothe, Kathrin: Wörter – „Botschafter" unserer Sinne? „Olfaktorisches Schreiben" als „Vorspiel" zu Süskinds Roman. In: Der Deutschunterricht 48 (1996). S. 40.

[143] Süskind, P.: Das Parfum. S. 25.

[144] Vgl. Kasper, J.: Die Nase als Nabel der Welt. S. 44.

[145] Corbin, A.: Pesthauch und Blütenduft. S. 17.

[146] Vgl. ebd. S. 88.

> Denn die Menschen konnten die Augen zumachen vor der Größe, vor dem Schrecklichen, vor der Schönheit und die Ohren verschließen vor Melodien oder betörenden Worten. Aber sie konnten sich nicht dem Duft entziehen. Denn der Duft war ein Bruder des Atems. Mit ihm ging er in die Menschen ein, sie konnten sich seiner nicht erwehren, wenn sie leben wollten. Und mitten in sie hinein ging der Duft, direkt ans Herz, und unterschied dort kategorisch über Zuneigung und Verachtung, Ekel und Lust, Liebe und Haß. Wer die Gerüche beherrschte, der beherrschte die Herzen der Menschen.[147]

Grenouille ist also nicht einfach nur der inneren Sphäre zugewandt wie andere Genies vor ihm, sondern lebt durch seine spezifische geniale Gabe sogar in den verborgensten, der bewussten Kontrolle nicht einmal zugänglichen Regionen der menschlichen Psyche. Grenouille selbst wird erst vom Duft des Mirabellenmädchens und dann dem von Laure unwiderstehlich angezogen, Baldini wird von der Wirkung von „Nuit Napolitaine" innerlich überwältigt und das Genie-Parfum verführt die Masse zu einer Orgie. Die Menschen stehen der Bannkraft von Grenouilles Liebesparfum wehrlos gegenüber, sogar Richis – und dies ist wohl die eindrücklichste Manifestation der durch Düfte möglichen innerlich-unbewussten Erschütterung – muss den Mörder seiner Tochter liebend an sich drücken.[148] Sie können dem nichts entgegensetzen, weil ihnen im Gegensatz zum Geruchsgenie die innersten Vorgänge der Erkenntnis verborgen sind, „weil sie dumm sind und ihre Nasen nur zum Schnaufen gebrauchen können, alles und jedes aber mit ihren Augen zu erkennen glauben".[149] Ebenso unwillkürlich wie auf das Meisterparfum reagieren die Menschen zuvor auf die von Grenouille erschaffenen Duftmasken, die ihm verschiedene Rollen in der Gesellschaft ermöglichen, indem er stets für das gehalten wird, was er über seinen Geruch verkörpert, ob erbarmungswürdiger Junge oder gehetzter Geschäftsmann.[150]

Letzteres eröffnet ein weiteres Feld der spezifischen Innerlichkeit des Geruchssinns. Er wird nicht nur allgemein mit der Welt der Affekte in Verbindung gebracht, sondern soll dadurch insbesondere auch die intensive Fühlung mit dem inneren Kern der eigenen Persönlichkeit und Identität ermöglichen:

> Der Geruchssinn erregt die empfindsame Seele, die sich den ihr angetragenen Gefühlen nicht entziehen kann, gerade wegen der Flüch-

---

[147]   Süskind, P.: Das Parfum. S. 198f.
[148]   Vgl. ebd. S. 307f.
[149]   Ebd. S. 217.
[150]   Vgl. ebd. S. 231ff.

tigkeit seiner Eindrücke […]. Von allen Sinnen ist der Geruchssinn am stärksten dazu begabt, den Menschen die Existenz eines Ich empfinden zu lassen […]. Besser als jeder andere Sinn enthüllt er die Idiosynkrasien des Individuums.[151]

Die beschriebene, seit Mitte des 18. Jahrhunderts einsetzende Desodorisierung wird maßgeblich auch durch die zunehmende Individualisierung und dem Bestreben, jedem Menschen seine persönliche Geruchsaura zuzusichern, angetrieben. Um sich vor den Ausdünstungen der anderen zu schützen, werden allmählich Einzelbetten und Einzelzimmer üblich.[152] Die spezifische Innerlichkeit des Geruchssinns rückt damit in die Nähe des Narzissmus,[153] genau wie die spezifische Innerlichkeit des Originalgenies – um wie viel mehr gilt dies erst für das Geruchsgenie!

Grenouille ist deshalb auch der Narziss par excellence, für den nichts weiter zählt als seine eigene, innerliche Duftwelt. Dementsprechend ist sein Interesse an Gerüchen aller Art das rein ichbezogene eines rücksichtslosen Egomanen, wie es z.B. auch beim Erlernen des Parfumeurhandwerks zum Ausdruck kommt:

> Wenn je etwas im Leben Begeisterung in ihm entfacht hatte – freilich keine äußerlich sichtbare, sondern eine verborgene, wie in kalter Flamme brennende Begeisterung –, dann war es dieses Verfahren, mit Feuer, Wasser und Dampf und einer ausgeklügelten Apparatur den Dingen ihre duftende Seele zu entreißen. Diese duftende Seele, das ätherische Öl, war ja das Beste an ihnen, das einzige, um dessentwillen sie ihn interessierten. Der blöde Rest: Blüte, Blätter, Schale, Frucht, Farbe, Schönheit, Lebendigkeit und was sonst noch an Überflüssigem in ihnen steckte, das kümmerte ihn nicht. Das war nur Hülle und Ballast. Das gehörte weg.[154]

Und wenn bei den beiden richtungweisenden Begegnungen Grenouilles mit den magischen Düften der beiden rothaarigen Mädchen davon die Rede ist, dass sein Herz leidet[155] und er von tief empfundener Liebe überwältigt wird,[156] so muss jeweils konsequent zu Ende gelesen werden. Seine leidende Hingabe und leidenschaftliche Liebe gelten in keiner

[151] Corbin, A.: Pesthauch und Blütenduft. S. 115f.
[152] Vgl. ebd. S. 217.
[153] Vgl. ebd. S. 17.
[154] Süskind, P.: Das Parfum. S. 125.
[155] Vgl. ebd. S. 50f.
[156] Vgl. ebd. S. 241f.

Weise den Mädchen und am Ende nicht einmal dem Duft als solchem, sondern einzig und allein sich selbst:

> Wahrhaftig, Grenouille, der solitäre Zeck, das Scheusal, der Unmensch Grenouille, der Liebe nie empfunden hatte und Liebe niemals inspirieren konnte, stand an jenem Märztag an der Stadtmauer von Grasse und liebte und war zutiefst beglückt von der Liebe. Freilich liebte er nicht den Menschen, nicht etwa das Mädchen im Haus dort hinter der Mauer. Er liebte den Duft. Ihn allein und nichts anderes, und ihn nur als den künftigen eigenen. Er würde ihn heimholen übers Jahr, das schwor er sich bei seinem Leben. Und nach diesem absonderlichen Gelöbnis, oder Verlöbnis, diesem sich selbst und seinem künftigen Duft gegebenen Treuversprechen, verließ er den Ort frohgemut [...].[157]

Jegliche Liebe – die das Geruchsgenie durchaus zu empfinden fähig ist! – führt wieder zurück auf sein inneres, auf den Besitz von Düften fixiertes Ich, ein Ausbruch aus diesem ewigen Kreislauf des egozentrischen Subjektivismus und der ich-verfallenen Selbstliebe ist an keiner Stelle möglich. Und auch Grenouilles größter Wunsch, nämlich der, „seines Innern sich [zu] entäußern",[158] ist nicht etwa als ein Kommunikationsangebot oder gar eine Sehnsucht nach dem Austausch mit seiner Umwelt zu verstehen, sondern ebenfalls als Ausdruck der Absolutsetzung seiner individuellen Innerlichkeit. Er will sich seines Inneren ausschließlich aus dem einen Grund entäußern, weil er es „für wunderbarer hielt als alles, was die äußre Welt zu bieten hatte"[159] und er sich somit nur auf diese Weise eine ihm erträgliche olfaktorische Umwelt erschaffen kann.[160]

Wie schon sein Weg zurück zur Natur erreicht auch Grenouilles weltabgewandter Narzissmus seinen Höhepunkt im siebenjährigen Höhlenleben auf dem Plomb du Cantal. Indem er auf seiner Wanderschaft empfindlich den Geruch der Menschen flieht, gelangt er zu seinem persönlichen Berg der Einsamkeit, von dem aus jeder Schritt in irgendeine Richtung eine erneute Annäherung an die menschliche Gesellschaft bedeuten würde.[161] Grenouilles Egomanie korrespondiert direkt mit seiner Asozialität: Um ganz bei sich, *„chez soi",*[162] sein zu können, muss er „weg, weg

---

[157] Süskind, P.: Das Parfum. S. 242.

[158] Ebd. S. 140.

[159] Ebd. S. 140.

[160] Vgl. ebd. S. 127.

[161] Vgl. ebd. S. 153.

[162] Ebd. S. 164.

48

von den Menschen."[163] Angekommen an diesem wirklichkeitsfernen Ort, den nie ein lebendiges Wesen vor ihm betreten hat, gerät er außer sich vor Freude und brüllt – was wohl? – seinen Namen in die Öde hinein.[164] Er besorgt nun nur noch die lebensnotwenigen Verrichtungen und lebt ansonsten gänzlich sich selbst genügend in seinem Reich der Innerlichkeit, während draußen in der Welt der siebenjährige Krieg tobt.[165] Zunächst nahe liegend erscheinende Parallelen zu asketischen Phasen von Heiligen, Propheten und Büßern – mit sieben verbringt Grenouille schließlich sogar eine heilige Anzahl von Jahren auf dem Berg – werden von Anfang an unterwandert und dienen viel eher als Kontrastfolie:

> Er hatte mit Gott nicht das geringste im Sinn. Er büßte nicht und wartete auf keine höhere Eingebung. Nur zu seinem eigenen, einzigen Vergnügen hatte er sich zurückgezogen, nur, um sich selbst nahe zu sein. Er badete in seiner eigenen, durch nichts mehr abgelenkten Existenz und fand das herrlich. Wie seine eigene Leiche lag er in der Felsengruft, kaum noch atmend, kaum daß sein Herz noch schlug – und lebte doch so intensiv und ausschweifend, wie nie ein Lebemann draußen in der Welt gelebt hat. [...] Schauplatz dieser Ausschweifungen war – wie könnte es anders sein – sein inneres Imperium, in das er von Geburt an die Konturen aller Gerüche eingegraben hatte, denen er jemals begegnet war.[166]

Grenouille sucht nicht Gott oder sonst irgendetwas außerhalb seiner selbst, sondern alles worauf es ihm ankommt – und darin ist er ganz traditionelles Genie – liegt in seinem Innern. Wie schon bei vielen seiner Vorgänger schlägt sein Innerlichkeitskult um in lebensferne Ich-Sucht, wobei die Begründung seines Genies im Geruchssinn als Sinn der Innerlichkeit und des Narzissmus die Gefahr dieser Entwicklung ins Unausweichliche steigert. In diesem Zusammenhang bemerkenswert sind strukturelle Ähnlichkeiten zwischen Grenouilles Bergeinsamkeit und der von Corbin beschriebenen „vertikale[n] Flucht"[167] in das Gebirge, die den Sensualisten im 18. Jahrhundert einen von Ablenkungen freien Genuss reiner Geruchswahrnehmungen und damit der eigenen Identität gewährleisten sollte:

> Die wesentliche Funktion, die den Geruchsreizen an [...] privilegierten Orten zukommt, ist offenbar eine Förderung des Narzißmus. Der

163   Süskind, P.: Das Parfum. S. 150.
164   Vgl. ebd. 154f.
165   Vgl. ebd. 169.
166   Ebd. S. 158.
167   Corbin, A.: Pesthauch und Blütenduft. S. 109.

Gesellschaft überdrüssig, fasziniert von der verlockenden Einsamkeit der Eremitage, den Grotten der malerischen Gärten oder den hohen Felsen des Gebirges, hofft der Leser, der sich in Rousseaus Träumereien, Werthers Bekenntnisse oder Youngs Nachtgedanken vertieft, fern des theatrum mundi ein intensives Gefühl für die Existenz seines Ich zu entwickeln.[168]

Grenouille macht freilich Ernst mit diesem Bestreben, indem er sich nicht etwa als empfindsam-verträumter Spaziergänger an der unverfälschten Geruchswelt der Berge ergötzt, sondern sieben Jahre lang in eine enge, stockdunkle Höhle gekauert ein märchenhaftes inneres Welttheater der Düfte entwirft:[169]

> Er streckte sich aus; körperlich, so gut es eben ging im engen steinernen Gelaß. Innerlich jedoch, auf den reingefegten Matten seiner Seele, da streckte er sich bequem der vollen Länge nach und döste dahin und ließ sich feine Düfte um die Nase spielen […]. Ja! Dies war sein Reich! Das einzigartige Grenouillereich! Von ihm, dem einzigartigen Grenouille erschaffen und beherrscht, von ihm verwüstet, wann es ihm gefiel, und wieder aufgerichtet, von ihm ins Unermessliche erweitert und mit dem Flammenschwert verteidigt gegen jeden Eindringling. Hier galt nichts als sein Wille, der Wille des großen, herrlichen, einzigartigen Grenouille.[170]

Das Duftgenie wird im Rahmen dieser rauschhaften Innerlichkeitsphantasien durch kaum abgewandelte Zitate aus dem Alten Testament sowie Eichendorffs kanonischem Lied „Mondnacht" sowohl zum romantisch-kontemplativen Künstler par excellence als auch zum Schöpfergott: „Und der Große Grenouille sah, daß es gut war, sehr, sehr gut. […] Und er ließ sich herab, seine Schöpfung mehrmals zu segnen, was ihm von dieser mit Jauchzen und Jubilieren und abermaligen herrlichen Duftausstößen gedankt wurde."[171] Wenig später heißt es dann: „Also sprach der Große Grenouille und segelte, während das einfache Duftvolk unter ihm freudig tanzte und feierte, mit weitausgespannten Flügeln von der goldenen Wolke herab über das nächtliche Land seiner Seele nach Haus in sein Herz."[172] Beide Intertextualitäten müssen dabei aber ironisch verstanden werden (zur vertiefenden Betrachtung der Intertextualität in „Das Parfum" siehe 3.4.2). Dass das Genie erklärtermaßen in Konkur-

168 Corbin, A.: Pesthauch und Blütenduft. S. 114.
169 Vgl. Süskind, P.: Das Parfum. S. 159.
170 Ebd. S. 160f.
171 Ebd. S. 162.
172 Ebd. S. 163.

renz zur göttlichen Schöpferautorität tritt, wurde oben erläutert, doch Grenouilles Duft-Autismus bleibt an dieser Stelle unschöpferisch und das phantastische Schaffen ist keine Analogie, sondern nur eine Imitation des bekanntesten Schöpfungsmythos überhaupt.[173] Und auch das romantisch-subjektivistische Künstlergenie wird nicht etwa neu aufgelegt, sondern parodiert.[174] Man sieht, was aus der Idee des von der Gesellschaft abgeschiedenen Wegs nach innen[175] geworden ist – die „siebenjährige Nullpunkt-Existenz"[176] eines autistischen Duftgenies. Es handelt sich hier also keinesfalls um neoromantische Anwandlungen, bzw. wenn, dann nur in der Aufnahme kritischer Stimmen zum Subjektivismus wie z.B. der Hoffmanns (dies wiederum haben Whitinger und Herzog im Detail dargelegt[177]). Die schon von den Zeitgenossen erkannten destruktiven Konsequenzen einer übersteigerten Innerlichkeit kommen am olfaktorischen Genie um ein Vielfaches potenziert zum Tragen. Und so wird Grenouilles Rückzugsort auch mit einem Grab verglichen[178] und deutlich gemacht, dass die als befreiend empfundene Einsamkeit gleichzeitig eine Gefangenschaft am menschenfernsten Ort des Landes ist.[179] Vor allem aber ist es die genüsslich ausgebreitete ironische und bis zur Schizophrenie führende Spannung zwischen der inneren und der äußeren Sphäre, die die ganze Fragwürdigkeit des rein auf die eigene Innerlichkeit bezogenen Daseins deutlich macht. Während Grenouille sich in seinem Phantasieschloss an den erinnerten Düften wie an erlesenen Weinen berauscht, regrediert er äußerlich zum Tier:

> Er stellte das Glas ab und blieb noch, von der Sentimentalität und vom Suff wie versteinert, ein paar Minuten lang sitzen, so lange, bis auch der letzte Nachgeschmack von der Zunge verschwunden war. [...] Dann kippte er um, seitlich aufs purpurne Kanapee und versank von einem Moment zum anderen in einen betäubenden Schlaf. Zur gleichen Zeit schlief auch der äußere Grenouille auf seiner Pferdedecke ein. Und sein Schlaf war ebenso abgrundtief wie der des inneren Grenouille, denn die herkuleischen Taten und Exzesse von diesem hatten jenen nicht weniger erschöpft – schließlich waren beide ja ein

---

[173]   Vgl. Frizen, W./Spancken, M.: Patrick Süskind. Das Parfum. S. 63.

[174]   Vgl. Ryan, J.: Pastiche und Postmoderne. S. 96.

[175]   Vgl. Mayer, G.: Der deutsche Bildungsroman. S. 63.

[176]   Frizen, W./Spancken, M.: Patrick Süskind. Das Parfum. S. 32.

[177]   Vgl. Whitinger, Raleigh G./Herzog, M.: Hoffmann's Das Fräulein von Scuderi and Süskind's Das Parfum: Elements of Homage in a Postmodernist Parody of a Romantic Artist Story. In: GQu 67 (1994). S. 224, 232.

[178]   Vgl. Süskind, P.: Das Parfum. S. 156.

[179]   Vgl. ebd. S. 153.

und dieselbe Person. Als er nun aufwachte allerdings, wachte er nicht auf im purpurnen Salon seines purpurnen Schlosses hinter den sieben Mauern und auch nicht in den frühlingshaften Duftgefilden seiner Seele, sondern einzig und allein im Steinverlies am Ende des Tunnels auf dem harten Boden in der Finsternis. Und ihm war speiübel vor Hunger und Durst und fröstelig und elend wie einem süchtigen Trinker nach durchzechter Nacht. Auf allen vieren kroch er aus dem Stollen. [...]. Er ging zur Wasserstelle, leckte die Feuchtigkeit von der Wand, ein, zwei Stunden lang, es war eine Tortur, die Zeit nahm kein Ende, die Zeit, in der ihm die wirkliche Welt auf der Haut brannte. Er riß sich ein paar Fetzen Moos von den Steinen, würgte sie in sich hinein, hockte sich hin, schiß während er fraß – schnell, schnell, schnell mußte alles gehen –, und wie gejagt, wie wenn er ein kleines weichfleischiges Tier wäre und droben am Himmel kreisten schon die Habichte, lief er zurück zu seiner Höhle [...]. Hier war er endlich wieder sicher. Er lehnte sich zurück gegen die Schütte von Geröll, streckte die Beine aus und wartete. [...] Er schloß die Augen. Die dunkle Türe in sein Innres tat sich auf, und er trat ein. Die nächste Vorstellung des grenouillschen Seelentheaters begann.[180]

Doch die Unterwanderung des Innerlichkeitspathos ist hier immer noch nicht zu Ende. Am Schluss steht eine (natürlich) innere Katastrophe, die Grenouille wieder von seinem Berg des Narzissmus vertreibt. Diese geschieht „im Schlaf. Besser gesagt im Traum. Vielmehr im Traum im Schlaf im Herz in seiner Phantasie."[181] Kurz: Sie geschieht im innersten Inneren, zu dem sich Grenouille in sieben Jahren autistischen Daseins vorgearbeitet hat. In seinem Traum steigen weiße Nebel auf, die Grenouilles eigenen Duft darstellen sollen und an denen er zu ersticken droht, während er ihn, d.h. sich selbst, aber gar nicht riechen kann.[182] Inmitten des „An-Sich-Selbst-Erstickens"[183] in seiner weltfernen Ich-Sucht muss Grenouille feststellen, dass er keinen Eigengeruch und damit keine Identität besitzt.[184] Trotz – oder gerade wegen – seines kompletten Rückzugs in die eigene Innerlichkeit ist dort am Ende nichts zu finden, weiß Grenouille am Ende über sich selbst nicht Bescheid.[185] Und so kehrt sich das Verhältnis zwischen Innen und Außen um: Die Außenwelt wird

---

180   Süskind, P.: Das Parfum. S. 167f.

181   Ebd. S. 170.

182   Vgl. ebd. S. 170ff.

183   Ebd. S. 175.

184   Vgl. Wittstock, U.: Leselust. S. 151.

185   Vgl. Süskind, P.: Das Parfum. S. 175.

jetzt zum Fluchtpunkt vor einer in sich selbst nur leeren Innerlichkeit.[186] Zwar schafft es Grenouille in der Folge, sich künstliche Menschenduftparfums zu kreieren – welch ironischer Kommentar zum Wesen der Menschheit verbirgt sich in den ekelerregenden Zutaten! –, doch bleibt es bei der bloßen Simulation der schlichtweg nicht vorhandenen Individualität.[187] An die Stelle des authentischen künstlerischen Ausdrucks im Werk des Genies ist die reine Künstlichkeit der Genieidentität selbst getreten. Am Ende steht das endgültige Scheitern aller Bemühungen um eine eigene Geruchsaura, als Grenouille angesichts der von seinem Liebesparfum ausgelösten Massenorgie wieder mit seiner eigenen Geruchlosigkeit konfrontiert wird. Diesmal ist keine Flucht mehr möglich, alle Möglichkeiten sind durchgespielt – und am Ende steht immer das Nichts. Grenouilles großes Projekt der Ich-Findung führt ins Leere und alle genialen Fähigkeiten und Errungenschaften verlieren ihren Wert:

> Nur eines konnte diese Macht [des Liebesparfums] nicht: sie konnte ihn nicht vor sich selber riechen machen. Und mochte er auch vor der Welt durch sein Parfum erscheinen als ein Gott – wenn er sich selbst nicht riechen konnte und deshalb niemals wüßte, wer er sei, so pfiff er drauf, auf die Welt, auf sich selbst, auf sein Parfum.[188]

Und so vollzieht sich der dialektische Umschlag vom emanzipatorisch schöpferischen Innerlichkeitspathos über den weltabgewandten Autismus bis hin zum Identitätsverlust. Dieser ist im Grundkonzept des Geniegedankens angelegt und zeigt sich schon in den gefährdeten Künstlerexistenzen der Romantik sowie schließlich in nicht mehr zu überbietender Form im Geruchsgenie: „Das sich absolut setzende Ich vermag [...] die universale Sinngebung nicht mehr zu leisten. Die fruchtlos in sich kreisende Reflexion verdammt zu Einsamkeit und Langeweile, vereitelt letztlich die Gewinnung personaler Identität."[189] Doch nicht nur der romantische Subjektivismus in der Tradition der Geniebewegung, sondern auch das indirekte Fortwirken des Innerlichkeitspathos im Authentizitätspostulat der Moderne wird im geruchlosen Geruchsgenie ad absurdum geführt. Die intuitionistische Hinwendung zum unmittelbaren Erleben, wie sie z.B. im Bewusstseinsstrom zum Ausdruck kommt (s. 2.2.2), wird als Vorstufe zu weltfremder Eigenliebe und sogar haltloser Nabelschau ohne Basis vorgeführt:

---

186 Vgl. Süskind, P.: Das Parfum. S. 172.

187 Vgl. Frizen, Werner: Patrick Süskinds „postmoderne" Didaktik. In: Der Deutschunterricht 48 (1996). S. 27.

188 Süskind, P.: Das Parfum. S. 316.

189 Mayer, G.: Der deutsche Bildungsroman. S. 61.

Und wenn er [Süskind, ...] Grenouille als Genie des Geruchs zum Schöpfer des absoluten Kunstwerks, des Menschenparfums, werden läßt, so bringt er damit auf exemplarische Weise den intuitionistischen Kunstbegriff des ästhetischen Modernismus zur Darstellung. Dieser Kunstbegriff wird nun aber keineswegs emphatisch gefeiert, sondern auf Distanz gebracht, nämlich in seiner inneren Widersprüchlichkeit vorgeführt, und zwar dadurch, daß er konsequent in den Raum des Narzißmus gerückt wird.[190]

Das Verlangen, in authentischer Weise ganz bei sich zu sein, führt in „Das Parfum" in seiner Übersteigerung zwangsläufig zum Gegenteil. Interpretationen, die in Grenouilles Bergeinsamkeit eine Heilung von den Widrigkeiten seiner Vergangenheit sehen,[191] können dabei kaum auf Basis genauer Textlektüre entstanden sein. Stattdessen wird hier am Genie des Geruchssinns als dem Sinn der Innerlichkeit und der Identitätserfahrung die dem emanzipatorischen Innerlichkeitspathos des Geniekults sowie den direkten oder indirekten Folgeerscheinungen in Romantik oder Moderne inhärente Gefahr des Umkippens in wirklichkeitsfremden Autismus bis hin zum endgültigen Identitätsverlust vorgeführt.

3.3.3 Prometheisches Streben und inhumaner Allmachtwahn

Eng mit der Verabsolutierung der subjektivistischen Innerlichkeit verbunden ist die Absolutsetzung des selbstbewussten Individuums überhaupt. Der Autonomieanspruch des ganz auf seine originale Schaffenskraft vertrauenden genialischen Subjekts stellt neben der Nähe zur Natur und der Wendung nach innen eine weitere Grundidee des Geniekonzepts dar (s. 2.1.1). Altergebrachte religiöse, politische oder gesellschaftliche Autoritäten werden zunehmend abgelehnt und stattdessen die ureigenen Kräfte des emanzipierten Individuums beschworen. Ihren genuinen Ausdruck finden Autonomiestreben und Selbstbegründungspathos des Genies in der Schlüsselfigur des trotzig gegen die Götterwelt aufbegehrenden und auf seine eigene Kraft beharrenden Prometheus.[192] Aber auch der genannte Gegensatz zwischen Originalgenie und Regelwelt, in dem sich auch Naturnähe und Innerlichkeitsauthentizität ausdrücken, ist vor allem eine Manifestation der von jeglichen Normen unabhängigen Schöpferkraft.

---

190 Willems, G.: Die postmoderne Rekonstruktion des Erzählens und der Kriminalroman. S. 243f.

191 Vgl. Hallet, Wolfgang: Das Genie als Mörder. S. 282.

192 Vgl. Bertram, G.: Philosophie des Sturm und Drang. S. 221ff.

Doch ähnlich wie im Fall des Subjektivismus werden auch hinsichtlich des prometheischen Autonomiestrebens schon früh gefährliche Kehrseiten konstatiert. Die wichtigste liegt dabei sicher im Immoralismus:

> Die Idee des genialen Ausnahme- und Übermenschen sprengte nicht nur die ästhetischen, sondern auch die ethischen Normen. Darin liegt wohl die radikalste Konsequenz des Autonomie-Gedankens. [...] Das ursprünglich dem Drang nach humaner Befreiung aus verkrusteten Ordnungs-, Regel- und Wertungssystemen entsprungene Genie-Denken droht hier ins Inhumane umzuschlagen.[193]

Bei Herder ist die Rede von Schrecken, Pest und Leichen als Begleiterscheinungen des im wahrsten Sinn des Wortes ungeheuerlichen Geniephänomens (s. 2.2.1) und Hoffmanns Mörderkünstler Cardillac steht paradigmatisch für die in der genialen Autonomie begründete Tendenz zu asozialem Verhalten und Abkehr von gesellschaftlichen Normen. Dieser Umschlag vom emanzipatorischen Streben nach Unabhängigkeit zur unzähmbaren Herrschaft des genialen Ausnahmemenschen bildet den Schlusspunkt der bereits im Ursprungsphänomen angelegten dialektischen Entwicklung des Geniegedankens:

> Dieser Vorgang [...] wirft [...] die Frage auf, inwieweit das autoritäre Potential des Genie-Gedankens ursprünglich schon eine transformierende Ablösung und Umbesetzung älterer Absolutismen darstellt. Weit über die Goethezeit hinaus blieb der Immoralismus eine charakteristische Begleiterscheinung des Genie-Denkens und des hybriden Individualismus. Im 19. Jahrhundert nahm er die Form der Reaktion auf fade Bürger-Alltäglichkeit und demokratisches Durchschnittsdenken an. Nicht selten auch präsentierte er sich als Ausgeburt verwöhnter Langeweile oder intellektueller Entwurzelung. Diese Linie führt bis zum philosophisch vertieften Immoralismus Nietzsches.[194]

Es kann ergänzt werden: und bis zu einem führerbegeisterten Volk im Dritten Reich sowie zu einem die Grenzen der Vernunft sprengenden, allerdings dem Terror des Naziregimes – Adorno zum Trotz – gottlob in nichts vergleichbaren Kultgebaren der gegenwärtigen Popkultur.

In dem so umrissenen Spannungsfeld ist auch das Süskindsche Geruchsgenie angesiedelt. Dieselben Konnotationen des Geruchssinns, die Grenouilles Selbstbezogenheit übersteigern und damit in die Autismusfalle führen, bedingen gleichzeitig sein Streben nach einer von den Ein-

---

[193] Schmidt, J.: Die Geschichte des Genie-Gedankens I. S. 319.
[194] Ebd. S. 321.

schränkungen der Außenwelt unabhängigen Existenz. Schon in seiner Kindheit ist seine Verschlossenheit neben der Versenkung in die eigene Innerlichkeit immer auch Ausdruck seiner Freiheit von äußerlichen Zwängen. Im Waisenhaus können ihn alle Züchtigungen nicht von seinen geruchlichen Streifzügen abhalten[195] und sogar unter der Knechtschaft des Gerbers Grimal schafft es Grenouille, sich die für sein olfaktorisches Dasein notwendige Freiheit zu ertrotzen. An der Besonderheit seines Talents inmitten einer ihrer Sinnlichkeit allmählich verlustig gehenden Menschheit zweifelt er von Anfang an nicht, doch der Durchbruch zu wahrhaft prometheischem Selbstbewusstsein erfolgt durch die Begegnung mit dem betörenden Duft des Mirabellenmädchens:

> Mit dem heutigen Tag aber schien ihm, als wisse er endlich, wer er wirklich sei: nämlich nichts anderes als ein Genie; und daß sein Leben Sinn und Zweck und Ziel und höhere Bestimmung habe: nämlich keine geringere, als die Welt der Düfte zu revolutionieren; und daß er allein auf der Welt dazu alle Mittel besitze […]. Er mußte ein Schöpfer von Düften sein. Und nicht nur irgendeiner. Sondern der größte Parfumeur aller Zeiten.[196]

Von diesem Zeitpunkt an ist Grenouilles Haltung geprägt von „grotesker Unbescheidenheit",[197] die im gottgleichen Gebaren des innerlichen Schöpfers auf dem Plomb du Cantal einen gerade angemessenen Ausdruck findet.[198] Indem sich Grenouille zum göttlich-genialen Individuum aufschwingt, stellt er eine überzeichnete, olfaktorische Reinkarnation des prometheischen Gedankens dar, dessen narzisstische Basis nicht ohne Ironie verdeutlicht wird:

> Er war […] ein wirklich begnadetes Individuum! Rührung stieg in ihm auf, Demut und Dankbarkeit. »Ich danke dir«, sagte er leise, »ich danke dir, Jean-Baptiste Grenouille, daß du so bist, wie du bist!« So ergriffen war er von sich selbst.[199]

Und ganz wie der Pate stehende Feuerdieb hat Grenouille für den transzendenten Gott, der in seinen Augen nichts ist als „ein kleiner armer Stinker",[200] nur Verachtung übrig. Seine maßlose Selbstanbetung gipfelt angesichts des Erfolgs seines Liebesparfums schließlich in einer – in ihrer

[195]   Vgl. Süskind, P.: Das Parfum. S. 35.
[196]   Ebd. S. 57f.
[197]   Ebd. S. 90.
[198]   Vgl. ebd. S. 161f.
[199]   Ebd. S. 278.
[200]   Ebd. S. 199.

Rhetorik nicht von ungefähr an das christliche Glaubensbekenntnis erinnernden – Selbstansprache, in der sich Vorstellungen des Christentums und des antiken Mythos zu einer gigantischen Manifestation des Autonomiepathos vermengen:

> Er, Jean-Baptiste Grenouille, geboren ohne Geruch am stinkendsten Ort der Welt, stammend aus Abfall, Kot und Verwesung, aufgewachsen ohne Liebe, lebend ohne warme menschliche Seele, einzig aus Widerborstigkeit und der Kraft des Ekels, klein gebuckelt, hinkend, häßlich, gemieden, ein Scheusal innen wie außen – er hatte es erreicht, sich vor der Welt beliebt zu machen. Was heißt beliebt! Geliebt! Verehrt! Vergöttert! Er hatte die prometheische Tat vollbracht. Den göttlichen Funken, den andere Menschen mir nichts, dir nichts in die Wiege gelegt bekommen und der ihm als einzigem vorenthalten worden war, hatte er sich durch unendliches Raffinement ertrotzt. Mehr noch! Er hatte ihn sich recht eigentlich selbst in seinem Innern geschlagen. Er war noch größer als Prometheus. Er hatte sich eine Aura erschaffen, strahlender und wirkungsvoller, als sie je ein Mensch vor ihm besaß. Und er verdankte sie [...] einzig sich *selbst*. Er war in der Tat sein eigener Gott, und ein herrlicherer Gott als jener weihrauchstinkende Gott, der in den Kirchen hauste.[201]

Wie deutlich hört man hier zwischen den Zeilen Goethes Prometheus: „Ich kenne nichts ärmers/Unter der Sonn als euch Götter."[202] Und: „Hast du's nicht alles selbst vollendet/Heilig glühend Herz"?[203] Grenouille setzt einen neuen Höhepunkt in der genialen Selbstüberhebung, indem er sich noch über Prometheus (und gleichzeitig den christlichen Gott) stellt. An dieser Schlüsselstelle spricht unmittelbar die Tradition des Geniegedankens durch Grenouille, denn, wie Rainer Scherf richtig beobachtet hat, kann dieser, dessen schulische Bildung sich auf das Schreiben seines Namens beschränkt, kaum jemals von Prometheus gehört haben.[204] Nichtsdestotrotz ist er sehr wohl autorisiert, davon zu sprechen: denn Grenouille ist auf einer höheren Ebene eben eine reine Kunstfigur, die nicht weniger verkörpert als die gesamte Genietradition, die in ihm durch die Fokussierung auf den Geruchssinn mit seinen Stereotypen eine spezifische Zuspitzung erfährt.

Noch in einer weiteren Hinsicht wird Grenouille als durch und durch traditionelles, autonomes Genie vorgeführt: in dem lustvoll übertriebe-

---

201   Süskind, P.: Das Parfum. S. 304.

202   Goethe, J. W. G. v.: Prometheus. S. 203. V. 13f.

203   Ebd. S. 204. V. 33f.

204   Vgl. Scherf, Rainer: Der verführte Leser. Eine Interpretation von Patrick Süskinds "Das Parfum". Marburg: Tectum 2006. S. 306.

nen Aufeinandertreffen zwischen Genie und Kleingeist in der Begegnung von Grenouille und Baldini. Wenn das herkömmliche Genie „dem Nachahmungsgeiste gänzlich entgegen zu setzen"[205] ist, um wie viel mehr gilt dies für das Genie des Geruchssinns als desjenigen Sinns, der bis in das multimediale Zeitalter hinein nur schwer fass-, imitier- und simulierbar geblieben ist. Dass sich die Originalität von Gerüchen und Düften der Nachahmung weitestgehend entzieht, zeigt sich auf komischste Art und Weise an den Plagiatversuchen des Parfumeurs Baldini, der als inspirationslose Gegenfigur zu Grenouille konzipiert ist.[206] Baldini, dessen Attitüde als Möchtegern-Künstler in adäquat ironischer Brechung der Gattungsform als Komödie präsentiert wird – „BALDINI Gebäre sie [die Parfums] allein aus mir!/CHÉNIER Ich weiß."[207] – hat in Wahrheit noch nie selbst etwas kreiert, sondern die beiden Parfumrezepte, die ihn groß gemacht haben, geerbt bzw. gekauft. Da er durch den ständig Neuerungen hervorbringenden Konkurrenten Pélissier zunehmend unter Druck gerät, versucht er, ganz unkreativer Handwerker, wenigstens das gefragte Parfum „Amor und Psyche" zu kopieren, was ihm freilich auch in stundenlangen Versuchen nicht gelingt. Baldini ist damit jedoch nicht nur das lächerliche Gegenstück zum aus sich heraus autonom-schöpferischen Geruchsgenie, sondern er repräsentiert durch sein in langen inneren Monologen ausgebreitetes reaktionäres Gedankengut gleichzeitig die alte Ordnung, wie sie dem einsetzenden Epochenumbruch, dem auch das Geniekonzept zuzurechnen ist, allmählich weichen muss:

> In jedem Bereich wird gefragt und gebohrt und geforscht und geschnüffelt und herumexperimentiert. Es genügt nicht mehr, daß man sagt, was ist und wie es ist. Es muß jetzt alles noch bewiesen werden, am besten mit Zeugen und Zahlen und irgendwelchen lächerlichen Versuchen. [...] Denn wenn man schon ungeniert und auf die frechste Art die Autorität von Gottes Kirche in Zweifel ziehen konnte [...]; wenn man sich schließlich noch so weit verstieg, wie das geschah, Gott selbst, den Allmächtigen, Ihn Höchstpersönlich, als entbehrlich hinzustellen und allen Ernstes zu behaupten, es seien Ordnung, Sitte und das Glück auf Erden ohne Ihn zu denken, rein aus der eingeborenen Moralität und der Vernunft der Menschen selber...o Gott, o Gott! – dann allerdings brauchte man sich nicht zu

205   Kant, I.: Kritik der Urteilskraft. S. 407.
206   Vgl. Hallet, W.: Das Genie als Mörder. S. 280f.
207   Süskind, P.: Das Parfum. S. 64.

wundern, wenn sich alles von oben nach unten kehrte [...]. Böse
wird es enden.[208]

So treffen also mit Grenouille und Baldini nicht nur autonomes Originalgenie und Regelkünstler, sondern auch neue und alte Zeit aufeinan-
der, wobei die alte nur allzu schnell ins Hintertreffen gerät. Die kleine
Vorstellung, mit der Grenouille sich bei Baldini bewirbt, führt unterhaltsam vor Augen, was es heißt, wenn „das Genie, ohne es zu wissen, ohne
es sich langweilig zu erklären, tut, [...] was der bloß witzige Kopf nach-
zumachen, vergebens sich martert."[209] Auf chaotische und spielerische
Weise, ohne die geringste Mühe und vor allem ohne Sinn für die Vorgaben des präzisen Parfumeurhandwerks mischt Grenouille dank seines
genialen Geruchssinns aus dem Stegreif „Amor und Psyche" zusammen:

> Anscheinend wahllos griff Grenouille in die Reihe der Flakons mit
> den Duftessenzen, riß die Glasstöpsel heraus, [...] schüttete dann
> von diesem, tröpfelte von einem anderen, gab einen Schuß von ei-
> nem dritten Fläschchen in den Trichter und so fort. Pipette, Rea-
> genzglas, Meßglas, Löffelchen und Rührstab – all die Geräte, die den
> komplizierten Mischprozeß für den Parfumeur beherrschbar ma-
> chen, rührte Grenouille kein einziges Mal an. Es war, als spiele er
> nur, als pritschle und pansche er wie ein Kind [...].[210]

Doch Grenouille wäre noch kein autonomes Genie, wenn er aus dem
Gemisch nicht mit wenigen Handgriffen eine eigene Schöpfung zu kreieren wüsste, einen Duft, der den, der ihn wahrnimmt, in eine ganz neue,
wunderbare Welt zu versetzen imstande ist.[211] Grenouilles unendliche
Schaffenskraft bleibt für Baldini stets unheimlich und alles, was er vermag, ist, das autonom schöpferische Chaos in die auch ihm verständlichen Bahnen der parfumistischen Formelsprache zu lenken. Grenouille
erlernt die Regeln und Techniken des Gewerbes, deren er als Genie nicht
bedürfte, zum größten Teil aus reinem Selbstzweck, d.h. als Tarnung
und Deckmantel der Normalität. Die einzigen handwerklichen Fähigkeiten, die er wirklich für seine Ziele braucht, sind die, Düfte zu extra-
hieren. Für alle bei Baldini oder später bei Madame Arnulfi erlernten
Fertigkeiten gilt jedoch, dass Grenouille sie rein als Mittel zum Zweck

208 Süskind, P.: Das Parfum. S. 74ff.
209 Lessing, Gotthold Ephraim: Hamburgische Dramaturgie. In: Gotthold Ephraim
     Lessing. Werke und Briefe in zwölf Bänden. Hrsg. von Wilfried Barner, Klaus
     Bohnen u.a. Bd. 6: Werke 1767-1769. Hrsg. von Klaus Bohnen. Frankfurt a. M.:
     Deutscher Klassiker Verlag 1985 (= Bibliothek deutscher Klassiker 6). S. 188.
210 Süskind, P.: Das Parfum. S. 105.
211 Vgl. ebd. S. 111f.

ge- und missbraucht. Der Anteil an Regelhaftigkeit am genialen Schaffen dient hier nicht der Zügelung des in seiner Autonomie urwüchsigen Genies, wie z.B. von Kant gefordert (s. 2.2.1), sondern ermöglicht in der Umkehrung erst das autonome, destruktive Ausleben des genialen Schaffensdrangs.

In den Ausbildungsstadien, die Grenouille durchläuft, kommen Anklänge an den Bildungsroman zum Tragen, deren kurze Betrachtung sich hier lohnt. Die Handlung des Romans ist allgemein als Entwicklungs- und Künstlerroman organisiert, der den Weg des Helden „von der Wiege bis zur Bahre"[212] erzählt. Der Bildungsroman ist darüber hinaus seinem Namen gemäß auf die Bildung als zentralen Diskurs fokussiert:[213]

> Die Prämisse des Bildungsromans ist die Idee der Bildsamkeit des Individuums: dessen Fähigkeit, sich während der Jugendzeit und Adoleszenz in Auseinandersetzung mit den Anforderungen der Umwelt zur personalen Identität, zum Bewußtsein der Konsistenz und Kontinuität des Ichs zu entwickeln. Daraus ergibt sich als zentrale Thematik der Romanart die erfolgreiche Suche eines jugendlichen Protagonisten nach existenzsichernden Orientierungsmustern, nach Bestimmung seines gesellschaftlichen Standortes.[214]

Wie der Geniegedanke hat der Bildungsroman seine Basis ebenfalls im Bewusstsein von der Besonderheit des Individuums und der Suche nach Orientierung,[215] wobei das aufklärerische Leitbild humaner Vollendung[216] trotz aller Brechungen immer als Möglichkeit denkbar bleibt.[217] Zwar erlernt Grenouille im Laufe verschiedener Lebensabschnitte, die man in Anlehnung an die Terminologie des Bildungsromans als Lehr-, Wander- und Meisterjahre bezeichnen könnte,[218] die Zügelung seiner Begierden und die Ausübung diverser handwerklicher Praktiken und Regeln, doch jeglicher Reifungsprozess dient in seinem Fall nur der

---

212   Willems, G.: Die postmoderne Rekonstruktion des Erzählens und der Kriminalroman. S. 235.

213   Vgl. Selbmann, Rolf: Der deutsche Bildungsroman. 2. überarb. und erw. Aufl. Stuttgart: Metzler 1994 (= Sammlung Metzler 214). S. 32.

214   Mayer, G.: Der deutsche Bildungsroman. S. 19.

215   Vgl. Jacobs, Jürgen/Krause, Markus: Der deutsche Bildungsroman. Gattungsgeschichte vom 18. bis zum 20. Jahrhundert. München: Beck 1989 (= Arbeitsbücher zur Literaturgeschichte). S. 40ff.

216   Vgl. Mayer, G.: Der deutsche Bildungsroman. S. 14.

217   Vgl. Jacobs, J./Krause, M.: Der deutsche Bildungsroman. S. 33.

218   Vgl. Neumann, G.: Patrick Süskind: „Das Parfum". S. 194f.

perfiden Durchführung seiner egozentrischen Schaffensphantasien.[219]
Die Beherrschung seiner Triebe führt nicht etwa zur Integration in die
Gesellschaft, sondern in einem Anti-Bildungsweg nur zur Kaltblütigkeit:

> Tatsächlich hat Grenouille, dessen genialische Kunst und handwerk-
> liche Perfektion als ein Produkt aufklärerischer Autonomie darge-
> stellt werden, rasch größeren Erfolg als sein Ausbilder [...]. In Gre-
> nouilles Händen offenbaren die Methoden der Aufklärung aber um-
> gehend auch ihre erschreckenden Seiten. Er setzt sein Wissen und
> seine parfümistische Technik ausschließlich instrumentell ein, kon-
> kret gesagt, er benutzt beides rücksichtslos, um sein Ziel zu errei-
> chen [...].[220]

Dieser kurze Blick auf die vereinzelten Anklänge an den Bildungsroman
verdeutlicht, dass die am Geniegedanken thematisierten dialektischen
Prozesse so grundlegender Natur sind, dass auch die Zähmung des
Genies im Sinne der Humanität scheitern muss. Denn das prometheisch
selbstbewusste, Autonomie fordernde und damit zunächst noch ganz
dem Ursprungskonzept entsprechende Geruchsgenie ist per se eine
durch und durch negative, amoralische und durch nichts zu integrieren-
de Größe. Daran wird schon mit den ersten Sätzen des Romans kein
Zweifel gelassen:

> Im achtzehnten Jahrhundert lebte in Frankreich ein Mann, der zu
> den genialsten und abscheulichsten Gestalten dieser an genialen und
> abscheulichen Gestalten nicht armen Epoche gehörte. Seine Ge-
> schichte soll hier erzählt werden. Er hieß Jean-Bapiste Grenouille,
> und wenn sein Name im Gegensatz zu den Namen anderer genialer
> Scheusale, wie etwa de Sades, Saint-Justs, Fouchés, Bonapartes usw.,
> heute in Vergessenheit geraten ist, so sicher nicht deshalb, weil Gre-
> nouille diesen berühmteren Finstermännern an Selbstüberhebung,
> Menschenverachtung, Immoralität, kurz an Gottlosigkeit nachge-
> standen hätte, sondern weil sich sein Genie und sein einziger Ehr-
> geiz auf ein Gebiet beschränkte, welches in der Geschichte keine
> Spuren hinterlässt: auf das flüchtige Reich der Gerüche.[221]

So wie Grenouille nur in seiner Geruchswelt lebt und mit ethischen und
moralischen Begriffen Schwierigkeiten hat (s. 3.3.1), führt er ein Dasein
jenseits aller Normen und nutzt seine besondere Ausprägung gerade

---

[219] Vgl. Gray, Richard T.: The Dialectic of "Enscentment": Patrick Süskind's Das
Parfum as Critical History of Enlightenment Culture. In: PMLA 108 (1993).
S. 493.

[220] Wittstock, U.: Leselust. S. 146f.

[221] Süskind, P.: Das Parfum. S. 5.

desjenigen Sinnes, der den direkten Weg zu den Herzen der Menschen und damit zur Manipulation eröffnet, für die Erfüllung herrschsüchtiger Allmachtphantasien aus.[222] Er will die Menschen dazu bringen, ihn zu lieben – doch nicht etwa, weil er sich persönlich nach deren Liebe sehnt, sondern aus reiner Machtgier:

> Ja, lieben sollten sie ihn, wenn sie im Bannes seines Duftes standen, […] ihn lieben bis zum Wahnsinn, bis zur Selbstaufgabe, zittern vor Entzücken sollten sie, schreien, weinen vor Wonne, ohne zu wissen, warum, auf die Knie sollten sie sinken wie unter Gottes kaltem Weihrauch, wenn sie nur *ihn*, Grenouille zu riechen bekamen! Er wollte der omnipotente Gott des Duftes sein, so wie er es in seinen Phantasien gewesen war, aber nun in der wirklichen Welt und über wirkliche Menschen.[223]

Explizit wird auch die Möglichkeit des Wahnsinns als Grund des Machtwahns ausgeschlossen und betont, dass Grenouille die Menschen nur deshalb beherrschen will, „weil er durch und durch böse sei."[224] Grenouilles Bösartigkeit resultiert dabei keineswegs aus seiner Sozialisation – die wahrlich so einiges erklären könnte –, sondern ist ihm zusammen mit seiner Genialität und als deren Kehrseite angeboren, so dass „alles milieutheoretische Deuteln angesichts solchen Vorherbestimmtseins ins Leere läuft":[225] „Er war von Beginn an ein Scheusal. Er entschied sich für das Leben aus reinem Trotz und aus reiner Boshaftigkeit."[226] – Diese Feststellung steht, nebenbei bemerkt, offensichtlich in Widerspruch zur weiter oben angeführten, animalisch-vegetativen Entscheidung für das Leben (s. 3.3.1). Darin muss jedoch eine wichtige Strategie des Romans gesehen werden, der mit Grenouille, wie schon erwähnt, eine Kunstfigur schafft, die den gesamten Geniegedanken mit all seinen Attributen verkörpert, seien sie nun in ihrer Verbindung im Detail stimmig oder nicht. Und so ist Grenouilles Wille zum Leben Ausdruck von elementarer Natürlichkeit *und* Boshaftigkeit zugleich. Dementsprechend lechzt Grenouille keineswegs nach Zuwendung und Liebe, sondern findet Befriedigung in Hass und Verachtung gegenüber seinen Mitmenschen.[227] Das autonome Genie, ursprünglich Ausdruck für die

---

222 Vgl. Gray, R. T.: The Dialectic of "Enscentment". S. 493.

223 Süskind, P.: Das Parfum. S. 198.

224 Ebd. S. 199.

225 Frizen, W./Spancken, M.: Patrick Süskind. Das Parfum. S. 43.

226 Süskind, P.: Das Parfum. S. 28.

227 Vgl. ebd. S. 197.

Befreiung des Menschen, wendet sich nun gegen ihn und die Gesellschaft.

Die inhumane Seite des Geniekonzepts zeigt sich nirgends deutlicher als in Grenouilles Dasein als Serienmörder, der allein hinter dem Duft der Frauen her ist und dem Leben dabei nicht den geringsten Wert beimisst. Konsequenterweise erfolgt schon seine Initiation zum genialen Künstlertum durch einen Mord, den er geradezu beiläufig begeht.[228] Wie Hallet gerade hier die Geburt Grenouilles als Mensch ansiedeln kann,[229] bleibt rätselhaft, denn alles, was geboren wird ist das unmenschliche Genie schlechthin. Geniewesen und Inhumanität sind in „Das Parfum" als zwei Seiten ein und derselben Medaille nicht voneinander zu trennen. Auch im Weiteren bleibt die geniale Kunst nur auf Kosten des Lebens denkbar. Die Mordmetaphorik bei der Verarbeitung von Blüten zur Duftgewinnung ruft dies in Erinnerung: Die Blüten wirken wie zu Tode erschreckte Augen, wenn sie im Fett ertränkt werden, oder sich darin zu Tode schlafen müssen, bis sie nur noch ausgelaugte Leichen sind.[230] Menschen gelten Grenouille später nicht mehr als die Pflanzen, denn im Horizont seines geruchsbestimmten Daseins sind sie ebenso bloße Träger von Düften wie Blüten, mit höchstens dem kleinen Unterschied, dass ihre Todesangst die Arbeit der Duftisolierung erschweren kann.[231] Die pseudoromantischen Vergleiche Laures mit einer Blume[232] gewinnen vor diesem Hintergrund zynischen Charakter. Grenouilles Genie ist vollkommen gegen das Leben und die Zivilisation gerichtet, „die ausbeuterische, antagonistische Beziehung der Kunst zum Leben [...]"[233] erreicht in der Herstellung seines genialen, Liebe inspirierenden Parfums aus den Düften von 25 ermordeten Jungfrauen einen neuen Höhepunkt. Schrecklich präzise trifft ein bekanntes Zitat von Joseph Goebbels den Sachverhalt: „Genies verbrauchen Menschen. Das ist nun einmal so."[234] In der Tat ge-, ver- und missbraucht Grenouille die Mädchen als bloßes Material für die Verwirklichung seiner olfaktorischen Allmachtphantasien und geht dabei mit schauerlicher Kaltblütigkeit vor. Das knirschende Ge-

---

[228] Vgl. Süskind, P.: Das Parfum. S. 56.

[229] Vgl. Hallet, W.: Das Genie als Mörder. S. 278.

[230] Vgl. Süskind, P.: Das Parfum. S. 221f.

[231] Vgl. ebd. S. 236.

[232] Vgl. ebd. S. 241, 268.

[233] Steinig, Swenta: Patrick Süskind: Das Parfum. In: Romane des 20. Jahrhunderts. Bd. 3. Stuttgart: Reclam 2003 (= RUB 17522: Interpretationen). S. 165.

[234] Goebbels, Joseph: Michael. Ein deutsches Schicksal in Tagebuchblättern. 2. Aufl. München: Eher 1931. S. 31. Zitiert nach Schmidt, J.: Die Geschichte des Genie-Gedankens II. S. 207.

räusch des unter dem Keulenschlag berstenden Schädels hasst er – aber nur, weil es ein Geräusch in seinem lautlosen Duft-Handwerk darstellt.[235] Die Leichen umwickelt er mit gefetteten Tüchern, „wie ein Bäcker den Strudel"[236] und wartet dann, seelenruhig das Naschwerk der Ermordeten verzehrend, auf die Vollendung der Duftgewinnung. Es kann gar nicht oft genug betont werden, dass es hier keineswegs um Liebesbedürftigkeit[237] oder gar um das Schöne, Wahre und Gute geht,[238] sondern um zynische Selbstüberhöhung und kaltblütige Herrschsucht. Interpretationen, die die Duftmorde erotisch lesen oder besser noch den ganzen Roman als Parabel der Lust und Liebe deuten,[239] scheinen geradezu auf einer anderen Textgrundlage entstanden zu sein. Ebenso greift die feministische Kritik an der stereotypen Darstellung der Jungfrauen[240] nicht zur Gänze, da sie in der olfaktorischen Welt des Romans – wie alle anderen Figuren auch – nicht einmal in erster Linie Frauen oder Menschen, sondern nur Duftträger sind. Dass darüber hinaus eine gewisse Beschwörung des Mythos vom wohlduftend-verführerischen Ewig-Weiblichen, der auch gut in den Kontext des anderen reaktivierten Mythos vom Genie passt, nicht zu leugnen ist, will freilich nicht abgestritten sein. Dass dem Geruchsgenie allerdings mit menschlich-sexuellen Unterstellungen weder auf der Ebene der Interpretation noch auf der Ebene der Handlung beizukommen ist, zeigt sich überdeutlich an der Hilflosigkeit der Grasser Bürger angesichts der für sie unbegreiflichen Tatsache, dass es sich bei den Morden eben *nicht* um Sexualdelikte handelt:

> Sonderbarerweise vermehrte diese Erkenntnis das Entsetzen, anstatt es zu mindern, denn insgeheim hatte jedermann angenommen, daß die Mädchen mißbraucht worden seien. Man hätte dann wenigstens ein Motiv des Mörders gekannt. Nun wußte man nichts mehr, nun war man völlig ratlos.[241]

Das Genie der Düfte verkörpert auf der Handlungsebene das ganz Andere, das für die Menschen nicht (Be-)Greifbare. Der Sinn, der das denkende Gehirn umgeht, ist mit rationalen Analysen nicht zu fassen, „die

---

235 Vgl. Süskind, P.: Das Parfum. S. 275.

236 Ebd. S. 276.

237 Vgl. etwa Frizen, W./Spancken, M.: Patrick Süskind. Das Parfum. S. 23.

238 Vgl. etwa Hallet, W.: Das Genie als Mörder. S. 284f.

239 Vgl. Stark, Günther: Süskinds ,Parfum'. Im Kampf zwischen Eros und Liebe. Baden-Baden: German Univ. Press 2006.

240 Vgl. Liebrand, Claudia: Frauenmord für die Kunst. Eine feministische Lesart. In: Der Deutschunterricht 48 (1996).

241 Süskind, P.: Das Parfum. S. 251.

Empfindungen des Geruchssinns [lassen] sich nicht in den Netzen der wissenschaftlichen Sprache einfangen".[242] Der ungleiche Zweikampf zwischen dem aufgeklärten Leistungsbürger Richis und dem mörderischen Sinnlichkeitsgenie beweist diese antagonistische Beziehung zwischen Vernunft und Geruchssinn eindrücklich.[243] Das Unfassbare der außergewöhnlichen olfaktorischen Wahrnehmung können sich die Menschen oft nur noch mit den Kategorien des Übernatürlichen erklären. Schon Madame Gaillard dachte, der Junge habe das zweite Gesicht,[244] und das am Ende durch das Liebesparfum zur Massenorgie verführte Hinrichtungspublikum könnte von dem Geschehen, wenn überhaupt, nur als einem Wunder sprechen:

> Und dann geschah ein Wunder. Oder so etwas Ähnliches wie ein Wunder, nämlich etwas dermaßen Unbegreifliches, Unerhörtes und Unglaubliches, daß alle Zeugen es im nachhinein als Wunder bezeichnet haben würden, wenn sie überhaupt noch jemals darauf zu sprechen gekommen wären, was nicht der Fall war, da sie sich später allesamt schämten, überhaupt daran beteiligt gewesen zu sein.[245]

Seine Vertilger schließlich nehmen den vom Liebesparfum übergossenen Grenouille als „einen Geist oder einen Engel oder sonst etwas Übernatürliches"[246] wahr. Am anderen Ende der Skala fehlen auch die Attribute des unheimlichen Teuflischen nicht: Grenouille hinkt aufgrund eines verkrüppelten Fußes und nicht zuletzt seine Geruchlosigkeit ist ein Indiz für seine fehlende menschliche Seele. „Es ist ja immer ein spezifisch Menschliches, das dem Teufel(-sverbündeten) abgeht, so Faust die Seele, Schlemihl der Schatten oder Leverkühn die Liebe. [...] Geruch, Schatten, Liebe; diese drei sind nur ein anderes Wort für die Seele."[247] Immer wieder spielen so das Übernatürliche, Engelhafte und Verbrecherische, Teuflische ineinander – werden dadurch jedoch nicht unbedingt ironisiert, wie Steinig meint,[248] sondern im Gegenteil als unauflösbare Einheit im Geniewesen zur Darstellung gebracht, wobei sich in der Tendenz zum Irrationalen ein Teil des Geniekults manifestiert.

Seinen Höhepunkt erreicht Grenouilles amoralischer Allmachtwahn und damit der Umschlag des Geniewesens vom Autonomiestreben zu autori-

242   Corbin, A.: Pesthauch und Blütenduft. S. 149.
243   Vgl. Süskind, P.: Das Parfum. S. 258ff.
244   Vgl. ebd. S. 37.
245   Ebd. S. 299.
246   Ebd. S. 318.
247   Frizen, W./Spancken, M.: Patrick Süskind. Das Parfum. S. 94.
248   Vgl. Steinig, S.: Patrick Süskind: Das Parfum. S. 162.

tärer Willkür freilich in der Verlockung der Menschen zur Massenorgie durch das Liebesparfum. Zugleich kommt hier endgültig der Hang zum Unbegreiflichen, Großen, mithin die Verführungsanfälligkeit auf der Seite des Publikums ins Spiel, die das Gegenstück zum absoluten Autonomiestreben des genialen Einzelnen darstellt und dessen Gefährlichkeit erst in vollem Umfang zum Tragen kommen lässt. Die kultische Hingabe an das Originalgenie zeigte schon früh die Dialektik des Geniegedankens, doch in der von einem im wahrsten Sinn des Wortes unwiderstehlichen, unweigerlich direkt ans Herz gehenden Duft betörten und schließlich wahllos miteinander kopulierenden Masse findet diese Entwicklung einen kaum mehr zu überbietenden Schlusspunkt:

> Wer zu Beginn bei seinem Anblick nur Mitgefühl und Rührung verspürt hatte, der war nun von nackter Begehrlichkeit erfüllt, wer zunächst bewundert und begehrt hatte, den trieb es zur Ekstase. Alle hielten den Mann im blauen Rock für das schönste, attraktivste und vollkommenste Wesen, das sie sich denken konnten: Den Nonnen erschien er als der Heiland in Person, den Satansgläubigen als strahlender Herr der Finsternis, den Aufgeklärten als das Höchste Wesen, den jungen Mädchen als ein Märchenprinz, den Männern als ein ideales Abbild ihrer selbst. Und alle fühlten sie sich von ihm an ihrer empfindlichsten Stelle erkannt und gepackt, er hatte sie im erotischen Zentrum getroffen. Es war, als besitze der Mann zehntausend unsichtbare Hände und als habe er jedem der zehntausend Menschen, die ihn umgaben, die Hand aufs Geschlecht gelegt und liebkose es auf just jene Weise, die jeder einzelne, ob Mann oder Frau, in seinen geheimsten Phantasien am stärksten begehrte.[249]

Grenouille wird zunächst zur Projektionsfläche für die Wünsche des Einzelnen[250] und in einer gigantischen, durch den archaischsten der Sinne ausgelösten zivilisatorischen Regression, der sich die Menschen nur zu bereitwillig hingeben, wird anschließend der Verstand angesichts eines genialischen Dufts endgültig außer Kraft gesetzt. In einem wahrhaft dionysischen Bacchanal im Sinne des frühen Nietzsche findet der umfassende „Verlust von Bewusstheit, Selbstkontrolle und Individualität in der Massensuggestion"[251] statt. Nicht zu übersehen ist an dieser Stelle die politische Dimension des auf das Führergenie bezogenen Massenwahns:

---

[249] Süskind, P.: Das Parfum. S. 302f.

[250] Vgl. Degler, Frank: Aisthetische Reduktionen. Analysen zu Patrick Süskinds ‚Der Kontrabaß', ‚Das Parfum' und ‚Rossini'. Berlin: de Gruyter 2003 (= Quellen und Forschungen zur Literatur- und Kunstgeschichte 24 (258)). S. 238.

[251] Frizen, W./Spancken, M.: Patrick Süskind. Das Parfum. S. 39.

In diesem Verzauberungsakt sind also alle Ingredienzien für eine Allegorie auf die Verführbarkeit des Menschen beisammen: die Apolitie; die Entmündigung und Hypnotisierung der Masse, die Entrationalisierung und Beseitigung der Ich-Zensur; die Aufhebung gesellschaftlicher Schranken; die suggestiven, aber inhaltsleeren Mittel der Propaganda; die Auswechselbarkeit des moralischen Systems; die Abwehrmechanismen und die Unfähigkeit zu trauern – und über allem der Geniekult, der hier politisch, totalitär geworden ist.[252]

Die erste Stimme der Kritik, die in diese Richtung deutete, war die von Marcel Reich-Ranicki: „Muß man sagen, welches Ungeheuer Patrick Süskind meint, auf welches Volk sein Gleichnis vor allem abzielt?"[253] Pokern hat die politische Lesart in seinem Resümee der Rezensionen ungewöhnlich genannt,[254] doch Süskind höchstselbst hat in einem seiner äußerst seltenen Interviews, das er der New York Times gewährte, diese Deutung gestützt:

> Praise for Mr. Suskind has come from all over Europe. But he said that French and Anglo-Saxon critics seemed to grasp better than German ones the political allegory lurking in his morbid tale. "Some French critic said it was a typical German book," he observed. "There is something to that." The Third Reich, he continued, "was for my generation always in the back of our minds."[255]

Heute ist der Hinweis auf eine Auseinandersetzung mit der totalitären Propaganda des 20. Jahrhunderts in Abhandlungen über „Das Parfum" durchaus gängig geworden.[256] Außer den besagten Äußerungen des Autors bietet eine kurze, zeitgleich zum Roman entstandene Geschichte Süskinds aufschlussreiche Einblicke in die Verflechtung von dialektischem Genie- und ideologischem Führerkult: „Ein Kampf" – der Titel spricht Bände – erzählt von einer Schachpartie, bei der ein junger, unbekannter Herausforderer gegen den Lokalmatador Jean antritt. Die Zu-

---

252 Frizen, W.: Das gute Buch für jedermann oder Verus Prometheus. S. 783.

253 Reich-Ranicki, Marcel: Des Mörders betörender Duft. Patrick Süskinds erstaunlicher Roman „Das Parfum". In: Frankfurter Allgemeine Zeitung, Literaturbeilage (02.03.1985).

254 Vgl. Pokern, Ulrich: Der Kritiker als Zirku(lation)sagent. Literaturkritik am Beispiel von Patrick Süskinds »Das Parfum. Die Geschichte eines Mörders«. In: Text + Kritik 100 (1988). S. 75.

255 Markham, James: Success of smell is sweet for new German novelist. In: Special to the New York Times (09.10.1986).

256 Vgl. z.B. Hoffmann, Dieter: Arbeitsbuch Deutschsprachige Prosa seit 1945. Bd. 2: Von der Neuen Subjektivität zur Pop-Literatur. Tübingen: Francke 2006 (= UTB 2730). S. 322f.

schauer sind sofort auf eine seltsame Weise von dem bleichen, stummen Mann fasziniert und der Überzeugung, „es hier mit einer ganz außergewöhnlichen Persönlichkeit von großer und genialer Begabung zu tun"[257] zu haben. Und obwohl der junge Herausforderer von Anfang an unüberlegt und aussichtslos spielt, glauben alle unerschütterlich daran, dass sich dahinter nur eine dem Durchschnittsspieler eben nicht verständliche Taktik des großen Meisters verberge.[258] So sehr wünscht sich das Publikum eine Niederlage von Jean, dessen Spiel als „ordentlich und regelrecht und enervierend fad"[259] empfunden wird, dass der Verstand hinter dieser irrationalen Sehnsucht nach dem Wundersamen zurückstehen muss: „Niemand begreift wirklich, wozu der Zug nützt, denn die Dame [...] bedroht nichts und deckt nichts, steht vollkommen sinnlos – doch steht sie schön, irrwitzig schön, so schön stand nie eine Dame, einsam und stolz inmitten der Reihen des Gegners..."[260] Doch obwohl das vermeintlich geniale Spiel des sogenannten „Feldherrn"[261] die hingerissenen Männer zu Tränen rührt, führt es, wie es nicht anders sein kann, in die Katastrophe. Und während alle betreten von dannen ziehen, überlegt der unangefochtene Sieger Jean, wieso er eigentlich so vorsichtig gespielt und mit dem leichten Gegner nicht einfach nur kurzen Prozess gemacht habe: weil sogar er selbst ihn bewundert und auf seinen Sieg gehofft hatte.[262]

Die vielen Parallelen zwischen den beiden Erzählungen, deren eine eindeutiger kaum mehr auf die Hitler-Diktatur bezogen sein könnte, liefern weitere Argumente für eine politische Lesart der Orgienszene. Etwas allgemeiner betrachtet, drückt sich in der Manipulation der Masse durch das autonome Geruchsgenie ein ganz grundlegendes Phänomen der menschlichen Natur aus: der Hang zum Kult und die Bereitschaft zur Verführung. Was in hoffentlich nicht wiederholbarer Form in der Politik geschah, hat sich heute in das Fanwesen der Populärkultur, die Werbeindustrie und die inszenierte Welt der Medien verlagert.[263] Dass gerade der moderne, vermeintlich aufgeklärte Mensch sich immer wieder als anfällig für Kultphänomene aller Art erwiesen hat und erweisen

---

257 Süskind, Patrick: Drei Geschichten und eine Betrachtung. Zürich: Diogenes 2005 (= Diogenes Taschenbuch 23468). S. 18.

258 Vgl. ebd. S. 21.

259 Ebd. S. 27.

260 Ebd. S. 23.

261 Ebd. S. 33.

262 Vgl. ebd. S. 35f.

263 Vgl. auch Hoffmann, D.: Arbeitsbuch Deutschsprachige Prosa seit 1945 II. S. 323.

wird, zeigt nichts besser als die dialektische Geschichte des Geniegedankens, die die aufgeklärte Neuzeit wie ein roter Faden durchzieht: „Die
Neuzeit zeigt eine Doppelfigur von Rationalisierungskur einerseits und
Anti-Rationalisierungskur andererseits. Zur Neuzeit gehört – formelhaft
kurz gesagt – immer eine Gegen-Neuzeit."[264] Dies ist das große Thema in
„Das Parfum", das am Umschlag des ursprünglich emanzipatorischen
Geniekonzepts in sein gefährliches Gegenteil vorgeführt wird – und
nichts eignet sich hierfür besser als das Genie des Geruchssinns, das
sämtliche Konstanten des Geniewesens ad absurdum führt. In ähnlicher
Weise hat Richard Gray in seinem Aufsatz „The Dialectic of 'Enscentment'" die Romanhandlung im Sinne der „Dialektik der Aufklärung" von Adorno/Horkheimer gelesen,[265] was den Sachverhalt jedoch
nur zum Teil trifft. Denn auch wenn Grenouille gewisse Techniken effi-
zient und instrumentell einsetzt, wird in ihm dennoch gerade nicht die
Rationalität mythisch-totalitär. Vielmehr wird das aufklärerische Projekt
durch den dem Geniewesen bis heute inhärenten irrationalen Hang zum
Außergewöhnlichen und Unbegreiflichen gewissermaßen von innen her
aufgelöst. Die Ansiedlung des Geschehens im 18. Jahrhundert, also genau der Zeit, als die Weichen für die aufgeklärte Gesellschaft gestellt
wurden und das Genie als deren Symbol erst im Entstehen begriffen
war, ist vor dem Hintergrund des weitreichenden Bedeutungspotenzials
nur konsequent: „He [Patrick Süskind] said he originally thought of
fixing the action in the present but was attracted to 18th-century France
because 'this was when this type of modern man appeared, this dark side
of the Enlightenment.'"[266]

Der Hauptstrang des Geruchsgenies wird dabei flankiert von kleineren
Demonstrationen des Umkippphänomens anhand der zahlreichen Ne-
benpersonen, die Grenouilles Weg begleiten: am sich für einen kritischen
Geist haltenden Pater Terrier, der angesichts des geruchlosen Kindes
doch an den Teufel glaubt[267] („In Pater Terrier [...] kapituliert nicht allein
die Religion vor dem Teufel, sondern zugleich die Aufklärung vor den
Ausstrahlungen des künftigen ›Genies‹."[268]), natürlich an dem Möchte-
gern-Wissenschaftler Marquis de la Taillade-Espinasse, der durch seine

---

[264] Welsch, Wolfgang: Unsere postmoderne Moderne. 6. Aufl. Berlin: Akademie
       Verlag 2002 (= Acta humaniora. Schriften zur Kunstgeschichte und Philoso-
       phie). S. 74.
[265] Vgl. Gray, R. T.: The Dialectic of "Enscentment". S. 490ff.
[266] Markham, J.: Success of smell is sweet for new German novelist. (09.10.1986).
[267] Vgl. Süskind, P.: Das Parfum. S. 18ff.
[268] Frizen, W./Spancken, M.: Patrick Süskind. Das Parfum. S. 27.

Lehren zum Stifter eines sektiererischen Okkultismus wird[269] und an Richis, der vom aufgeklärt denkenden Bürger erst zum hasserfüllten Rächer und dann zum dümmlich liebenden Verehrer wird[270] („Mit Richis scheitert die bürgerliche Aufklärung vor der Gewalt des Mystizismus."[271]). Dass die Verführbarkeit des Menschen allerdings auch in die entgegengesetzte Richtung funktioniert, wird an Baldini deutlich, der sich von einem Aufklärungsgegner bei der ersten Gelegenheit unter Ausnutzung von Rationalisierung und Globalisierung zum Kapitalisten par excellence mausert.[272]

Und das Genie selbst als Zentrum dieses umfassenden Umschlags von Autonomiestreben in Autoritätssehnsucht und Mystizismus? Ähnlich wie am Grund der Innerlichkeitsspirale die Leere wartet, so steht am Ende des verwirklichten Allmachtwahns nicht etwa ein zwar bösartiges, aber in seiner Stärke selbstbewusstes Führergenie, sondern ein in seinem Versuch der Selbsterkenntnis endgültig gescheiterter Grenouille. Während die Menschen narkotisiert vom Liebesparfum übereinander herfallen, steht das Genie abseits und kann nur Ekel und Hass empfinden:

> Er erlebte in diesem Augenblick den größten Triumph seines Lebens. Und er wurde ihm fürchterlich [...], denn er konnte keine Sekunde davon genießen. In dem Moment [...] stieg der ganze Ekel vor den Menschen wieder in ihm auf und vergällte ihm seinen Triumph so gründlich, daß er [...] nicht einmal das geringste Gefühl von Genugtuung verspürte. Was er sich immer ersehnt hatte, daß nämlich die Menschen ihn liebten, wurde ihm im Augenblick seines Erfolges unerträglich, denn er selbst liebte sie nicht, er haßte sie. Und plötzlich wußte er, daß er nie in der Liebe, sondern immer nur im Haß Befriedigung fände, im Hassen und Gehaßtwerden. [...] Er wollte ein Mal, nur ein einziges Mal, in seiner wahren Existenz zur Kenntnis genommen werden und von einem anderen Menschen eine Antwort erhalten auf sein einziges wahres Gefühl, den Haß.[273]

Grenouille hat seine prometheische Autonomie- und Allmachtphantasie verwirklicht und die in diesem Zusammenhang sadistisch ersehnte Liebe der Menschen für sich gewonnen – und doch ist er nicht am Ziel, weil er nicht in seiner wahren, hasserfüllten Existenz erkannt wird. Dabei kann er sich nicht einmal selbst erkennen: Die Nebel der Geruchlosigkeit stei-

---

[269]   Vgl. Süskind, P.: Das Parfum. S. 208.

[270]   Vgl. ebd. S. 294ff.

[271]   Frizen, W./Spancken, M.: Patrick Süskind. Das Parfum. S. 81.

[272]   Vgl. Süskind, P.: Das Parfum. S. 114ff.

[273]   Ebd. S. 305f.

gen unmittelbar nach dem Wunsch, in seinem Hass zur Kenntnis genommen zu werden, wieder auf und das Grauen der fehlenden Selbstkenntnis holt Grenouille ein. Das Genie hat alles versucht, doch am Ende
führt die ewige Selbstbezogenheit in die Leere und das prometheische
Selbstbewusstsein des Genies ins Nichts. Jegliche zwischendurch erreich-
te Form der Selbsterkenntnis erweist sich als Täuschung. Das Geniekonzept führt nicht nur die Gesellschaft ins Verderben, sondern auch das
Genie selbst in den Nihilismus:

> Wenn er wollte, könnte er sich in Paris nicht nur von Zehn-, sondern
> von Hunderttausenden umjubeln lassen; oder nach Versailles spa-
> zieren, um sich vom König die Füße küssen zu lassen; dem Papst ei-
> nen parfümierten Brief schreiben und sich als der neue Messias of-
> fenbaren, in Notre-Dame vor Königen und Kaisern sich selbst zum
> Oberkaiser salben, ja sogar zum Gott auf Erden – falls man sich als
> Gott überhaupt noch salbte… All das könnte er tun, wenn er nur
> wollte. Er besaß die Macht dazu. Er hielt sie in der Hand. Eine
> Macht, die stärker war als die Macht des Geldes oder die Macht des
> Terrors oder die Macht des Todes: die unüberwindliche Macht, den
> Menschen Liebe einzuflößen. Nur eines konnte diese Macht nicht:
> sie konnte ihn nicht vor sich selber riechen machen. Und mochte er
> auch vor der Welt durch sein Parfum erscheinen als ein Gott – wenn
> er sich selbst nicht riechen konnte und deshalb niemals wüsste, wer
> er sei, so pfiff er drauf, auf die Welt, auf sich selbst, auf sein Par-
> fum.[274]

Und so kehrt Grenouille konsequenter Weise in einer Kreisbewegung an
seinen Geburtsort in Paris zurück, um sich dort von liebesbesessenen
Verbrechern in Stücke reißen und fressen zu lassen. Der im Motiv des
Zerreißens wieder präsente Dionysos-Mythos bietet zwar einen „stim-
migen Schluss für eine dionysische Biografie",[275] doch führt er nicht in
ein nicht-entfremdetes Dasein, sondern ins endgültige Nichts am Ende
eines „sinnlos-zirkulären Lebenslauf[s] des leeren Ichs".[276]

---

[274] Süskind, P.: Das Parfum. S. 316.

[275] Frizen, W./Spancken, M.: Patrick Süskind. Das Parfum. S. 41.

[276] Ebd. S. 40.

3.4 Konterkarierende Mittelbarkeit der formalen Gestaltung

3.4.1 „Der Name der Rose riecht nicht."

Wenngleich der Schwerpunkt der olfaktorischen Genieinterpretation bei den analysierten inhaltlichen Elementen liegt, tragen Aspekte der formalen Gestaltung nicht unwesentlich zur Unterminierung des Geniegedankens bei. Von zentraler Bedeutung ist schon allein die notwendig sprachliche Vermittlung von Geruchswahrnehmungen. Es wurde bereits darauf hingewiesen, welch große Schwierigkeiten es bereiten kann, olfaktorische Sinneserfahrungen in Worte zu fassen (s. 3.2): „Gerüche […] sind aus dem semantischen Feld weitgehend ausgeschlossen. Der sprachliche Code reicht nicht aus, um sie zu artikulieren."[277] Diese Tatsache bildet ein wichtiges Argument für die authentische Konkretheit des Geruchssinns, die mit der Abstraktion der Sprache und damit der denkenden Vernunft nur schwer zu vereinbaren ist. Die Sprachskepsis, die aus dem Missverhältnis zwischen differenziertem sinnlichen Erleben und der auf Verallgemeinerung ausgehenden abstrakten Sprache resultiert, wird in „Das Parfum" direkt thematisiert:

> Andrerseits hätte die gängige Sprache schon bald nicht mehr ausgereicht, all jene Dinge zu bezeichnen, die er als olfaktorische Begriffe in sich versammelt hatte. Bald roch er nicht mehr bloß Holz, sondern Holzsorten, Ahornholz, Eichenholz, Kiefernholz, Ulmenholz, Birnbaumholz, altes, junges, morsches, modriges, moosiges Holz, ja sogar einzelne Holzscheite, Holzsplitter, und Holzbrösel – und roch sie als so deutlich unterschiedene Gegenstände, wie andre Leute sie nicht mit Augen hätten unterscheiden können. Ähnlich erging es ihm mit anderen Dingen. Daß jenes weiße Getränk, welches Madame Gaillard allmorgendlich ihren Zöglingen verabreichte, durchweg als Milch bezeichnet wurde, wo es doch nach Grenouilles Empfinden jeden Morgen durchaus anders roch und schmeckte, je nachdem wie warm es war, von welcher Kuh es stammte, was diese Kuh gefressen hatte, wieviel Rahm man ihm belassen hatte und so fort…daß Rauch, daß ein von hundert Einzeldüften schillerndes, minuten-, ja sekundenweis sich wandelndes und zu neuer Einheit mischendes Geruchsgebilde wie der Rauch des Feuers nur eben jenen einen Namen »Rauch« besaß…daß Erde, Landschaft, Luft, die von Schritt zu Schritt und von Atemzug zu Atemzug von anderem Geruch erfüllt und damit von andrer Identität beseelt waren, dennoch nur mit jenen drei plumpen Wörtern bezeichnet sein sollten – all diese grotesken Mißverhältnisse zwischen dem Reichtum der ge-

---

[277] Neumann, G.: Patrick Süskind: „Das Parfum. S. 192.

ruchlich wahrgenommenen Welt und der Armut der Sprache, ließen den Knaben Grenouille am Sinn der Sprache überhaupt zweifeln [...]. [278]

Über die Kongruenzproblematik hinaus ist es aber ganz grundlegend, wo die Sprache ins Spiel kommt, mit der authentischen Sinneserfahrung immer schon vorbei. Oder wie Serres es auf den Punkt bringt: „Der Name der Rose riecht nicht."[279] Das Paradox der sprachlichen Vermittlung nicht-sprachlicher Wahrnehmungen wird auf den Punkt gebracht, wenn es von Grenouille heißt: „Viele dieser Grundstoffe kannte er schon [...]; andre waren ihm neu, und diese filterte er aus den Duftgemischen heraus und bewahrte sie namenlos im Gedächtnis: Amber, Zibet, Patschuli, Sandelholz, Bergamotte, Vetiver [...]."[280] Der Text kann nicht anders, als den namenlosen Sinneseindrücken nicht-sinnliche Namen zu geben: Statt Sinnlichkeit ohne Sprache herrscht Sprache ohne Sinnlichkeit.

Nun muss eine Geschichte über ein Duftgenie aber das Problem der Vermittlung der sinnlichen Geruchswelt irgendwie lösen. Süskinds Erfolg wird dabei unterschiedlich, meist jedoch als mäßig beurteilt. Während Frizen die brave Stilistik bei der Beschreibung von Gerüchen bedauert,[281] beklagt Förster, dass die rhetorischen Mittel so forciert eingesetzt würden, dass eher Distanz als Unmittelbarkeit erzeugt werde.[282] Was beide nicht erkennen, ist, dass die genannten Tendenzen eine erzählerische Taktik ergeben, die die Unterwanderung des genialischen Authentizitätspathos auf formaler Ebene parallelisiert. Indem herkömmliche Stilmittel bewusst überstrapaziert werden, wird die sprachliche Gemachtheit des Textes heraus- und der unmittelbaren sinnlichen Erfahrung explizit gegenübergestellt.

So ist u.a. die Aufzählung ein überbordend eingesetztes Mittel, um die nuancierte Geruchswahrnehmung zu vermitteln:

Es mischten sich Menschen- und Tiergerüche, Dunst von Essen und Krankheit, von Wasser und Stein und Asche und Leder, von Seife und frischgebackenem Brot und von Eiern, die man in Essig kochte, von Nudeln und blankgescheuertem Messing, von Salbei und Bier und Tränen, von Fett und nassem und trockenem Stroh. Tausende

---

[278] Süskind, P.: Das Parfum. S. 33f.

[279] Serres, M.: Die fünf Sinne. S. 257.

[280] Süskind, P.: Das Parfum. S. 48.

[281] Vgl. Frizen, W.: Das gute Buch für jedermann oder Verus Prometheus. S. 764f.

[282] Vgl. Förster, N: Die Wiederkehr des Erzählens. S. 19.

und Abertausende von Gerüchen bildeten einen unsichtbaren Brei, der die Schluchten der Gassen anfüllte [...].[283]

Die Beschreibung von Baldinis Laden schließlich kulminiert in einer nicht enden wollenden, sich über eine Seite hinziehenden Aufzählung aller möglichen duftenden Gegenstände,[284] angesichts derer den Leser ein ähnlicher Schwindel befällt wie Baldinis Kunden inmitten des betäubenden Duftgemischs – allerdings eben nicht aufgrund sinnlicher Überwältigung, sondern aufgrund eines wahren Bombardements mit bloßen Begriffen.

Vergleiche sind ein weiteres gängiges und häufig eingesetztes Mittel, wenn es darum geht, sinnlicher Empfindungen habhaft zu werden. So benutzt sie auch die Amme, als sie sich mit der schwierigen Aufgabe konfrontiert sieht, den typischen Säuglingsgeruch in Worte zu fassen:

> »Also-«, begann die Amme, »es ist nicht ganz leicht zu sagen, weil...weil, sie riechen nicht überall gleich, [...] also an den Füßen zum Beispiel, da riechen sie wie ein glatter, warmer Stein – nein eher wie Topfen...oder wie Butter, wie frische Butter, ja genau: wie frische Butter riechen sie. Und am Körper riechen sie wie...wie eine Galette, die man in Milch gelegt hat. Und am Kopf, [...], da riechen sie am besten. Da riechen sie nach Karamel, das riecht so süß, so wunderbar [...]!«[285]

Wie dürftig jedoch selbst der außergewöhnlichste Vergleich und damit die raffinierteste sprachliche Strategie zur Beschreibung von Gerüchen ist, wird offen thematisiert:

> Dieser Geruch war [...] gering und schwach und dennoch solid und tragend, wie ein Stück dünner schillernder Seide...und auch wieder nicht wie Seide, sondern wie honigsüße Milch, in der sich Biskuit löst – was ja nun beim besten Willen nicht zusammenging: Milch und Seide! Unbegreiflich dieser Duft, unbeschreiblich [...].[286]

Gerne werden auch Vergleiche mit anderen Sinnesbereichen eingesetzt, insbesondere dem akustischen der Musik. So gleicht das Duftchaos in Baldinis Parfumerie „einem tausendköpfigen Orchester, in welchem jeder Musiker eine andre Melodie fortissimo spielt"[287] und Grenouilles

283 Süskind, P.: Das Parfum. S. 43f.
284 Vgl. ebd. S. 60f.
285 Ebd. S. 16f.
286 Ebd. S. 52.
287 Ebd. S. 61.

Kreation ist „im Vergleich zu ›Amor und Psyche‹ wie eine Sinfonie im Vergleich zum einsamen Gekratze einer Geige."[288]

Damit ist ein weiteres Stilmittel berührt, das die olfaktorische Wahrnehmung beschreib- und vermittelbar machen soll: die Synästhesie. Durch die Vermischung verschiedener Sinnesbereiche wird die diffuse Geruchserfahrung vertrauter und greifbarer, z.B. indem Geruchs- und optischer Sinn vermengt werden: „Grenouille sah den Markt riechend, wenn man so sagen kann."[289] Auch synästhetische Verbindungen zwischen olfaktorischer und akustischer Wahrnehmung finden sich: „Doch da war nichts. Da war nur Ruhe, wenn man so sagen kann, geruchliche Ruhe."[290] Die Synästhesien lassen zwar die Geruchsempfindung verständlicher erscheinen, doch wie schon bei den Vergleichen wird auch hier die Angemessenheit des rhetorischen Mittels explizit durch ein distanzierendes „wenn man so sagen kann" in Zweifel gezogen.

Natürlich fehlen auch Metaphern nicht im Repertoire der Stilmittel, die für die sprachliche Geruchsvermittlung bemüht werden. Die Verbindung zwischen der Welt der Düfte und der Musik wird einmal mehr in der üblichen Rede von Duftnote und -komposition deutlich. Darüber hinaus wird vom Geruchsuniversum unter anderem als Brei,[291] Strom,[292] Gebäuden,[293] erlesenen Weinen,[294] Diadem[295] oder als Landschaft gesprochen. Letzteres freilich nicht, ohne ein weiteres Mal dezidiert auf die Mittelbarkeit dieser sprachlichen Hilfskonstruktion hinzuweisen:

> Es […] gab kein Licht und keine Finsternis, es gab auch keine Frühlingswiesen und keine grünen Buchenblätter…es gab überhaupt keine Dinge in Grenouilles innerem Universum, sondern nur die Düfte von Dingen. (Darum ist es eine *façon de parler*, von diesem Universum als einer Landschaft zu sprechen, eine adäquate freilich und die einzig mögliche, denn unsere Sprache taugt nicht zur Beschreibung der riechbaren Welt.)[296]

---

288 Süskind, P.: Das Parfum. S. 111.
289 Ebd. S. 45.
290 Ebd. S. 154.
291 Vgl. ebd. S. 44.
292 Vgl. ebd. S. 56.
293 Vgl. ebd. S. 58.
294 Vgl. ebd. S. 163ff.
295 Vgl. ebd. S. 246.
296 Ebd. S. 160.

Zusammenfassend kann festgehalten werden, dass die sprachliche Vermittlung olfaktorischer Sinneswahrnehmungen in „Das Parfum" von einem Spannungsverhältnis zwischen Sprachnot und Sprachmächtigkeit geprägt ist.[297] Obwohl, oder auch gerade weil die gängigen rhetorischen Mittel bis zum Äußersten strapaziert werden, wird kein Zweifel daran gelassen, dass sich die „Materialität der Sprache […] nicht hintergehen"[298] lässt und die konkrete Erfahrung von Authentizität in ihr geradewegs unmöglich ist. Denn es gilt stets:

> Wie sehr auch immer ein Autor sich um das »lebendige Leben« bemühen und mit welchen Mitteln er sich ihm nähern mag – was er dem Leser letztendlich zwischen zwei Buchdeckeln zu unterbreiten hat, kann doch nie mehr sein als ein Text, und das heißt: eine jedweder unmittelbaren Anschauung und Beweglichkeit entbehrende, restlos fertige und festgelegte, »starre«, »tote« Manifestation in Sprache.[299]

Und auf genau dieser Basis wird in „Das Parfum" ein Spiel mit der Authentizität betrieben, die ja eine Grundkonstituente des Geniegedankens darstellt. Indem die Unmittelbarkeit der Sinneseindrücke durch die offen zur Schau gestellte sprachliche Mittelbarkeit konterkariert wird, gerät die genialische Fühlung mit der Lebensunmittelbarkeit zur Illusion.

3.4.2 Unauthentische Erzählweise und Intertextualität

Doch nicht nur in der sprachlich-formalen Vermittlung von Geruchserfahrungen, sondern auch im spezifischen Erzählverhalten des Romans wird das genialische Streben nach authentischem Ausdruck unterminiert. Süskinds an Epiker der Vergangenheit erinnernde auktoriale Erzählweise war es in erster Linie, die ihm das Lob der Kritik einbrachte, wobei immer wieder der Gegensatz zum Subjektivismus der Moderne betont wurde: „Also das gibt es immer noch oder schon wieder: […] einen zeitgenössischen Erzähler, der dennoch erzählen kann: einen Romancier, der uns nicht mit dem Spiegelbild seines Bauchnabels belästigt […]"[300] Gründe dafür, *warum* hier einer „zu erzählen beginnt, als hätte es zwei Jahrhunderte erzähltechnischer Entwicklung und Experimente nicht gegeben […]",[301] werden allerdings von den Rezensenten nicht

297 Vgl. Bothe, K.: Wörter – „Botschafter" unserer Sinne? S. 38.
298 Förster, N.: Die Wiederkehr des Erzählens. S. 30.
299 Willems, G.: Anschaulichkeit. S. 416.
300 Reich-Ranicki, M.: Des Mörders betörender Duft. (02.03.1985).
301 Frizen, W.: Das gute Buch für jedermann oder Verus Prometheus. S. 759.

genannt oder überhaupt erst gesucht.[302] Dabei ist die Aussagekraft von Süskinds in jedem Sinne althergebrachter Erzählweise offensichtlich: Wie die Betonung der mittelbaren Sprachlichkeit ist auch das mittelbare Erzählen dem Geniekonzept direkt entgegengesetzt.

Die „Wiederkehr des Erzählens" ist in der akademischen Besprechung von „Das Parfum" immer wieder betont worden.[303] Denn in der Tat spricht hier ein deutlich wahrnehmbarer auktorialer Erzähler, der die Romanwelt überblickt und dem Leser, der in einem vertraulichen „wir"[304] vereinnahmt wird, nach seinem Gutdünken geordnet darbietet. Der Erzähler bleibt durchgängig als Vermittlungsinstanz fühlbar[305] „und hinterlässt sichtbar die Spuren des Erzähltwerdens der Erzählung."[306] Dies zeigt sich zum einen in einzelnen Formulierungen, die die klare Strukturierung von Seiten des Erzählers deutlich werden lassen: „Da wir Madame Gaillard an dieser Stelle der Geschichte verlassen und ihr auch später nicht mehr wiederbegegnen werden [...]"[307] oder „Was wir hier der Verständlichkeit halber in ordentlicher indirekter Rede wiedergeben, war in Wirklichkeit ein [...] blubbernder Wortausbruch [...]."[308] Zum anderen zeigt sich das Erzähltwerden und damit die Künstlichkeit des Romanganzen in der an manchen Stellen allzu auffälligen Organisation einzelner Gegebenheiten wie z.B. dem running-gag des regelmäßigen und prompten Ablebens der Nebenfiguren, nachdem Grenouille weitergezogen ist. Hier betätigt sich analog zu seinem Helden offensichtlich auch der Erzähler selbst als Mörder, wie Förster den Sachverhalt ausdrückt.[309] Aber auch die alle Erwartungen auf Nervenkitzel herb enttäuschende Raffung des Mordgeschehens mit den unattraktivsten Erzählmethoden[310] und nicht zuletzt Lücken und Fehler bei den angegebenen Daten (braucht Grenouille für den Weg von Grasse nach Paris wirklich über ein Jahr?), die Degler akribisch aufdeckt,[311] offenbaren den Konstrukt- und Rekonstruktionscharakter des Erzählgeschehens, der nicht

---

302 Vgl. Pokern, U.: Der Kritiker als Zirku(lation)sagent. S. 72.

303 Vgl. v.a. Willems, G.: Die postmoderne Rekonstruktion des Erzählens und der Kriminalroman. und Förster, N.: Die Wiederkehr des Erzählens.

304 Süskind, P.: Das Parfum. S. 38.

305 Vgl. Willems, G.: Die postmoderne Rekonstruktion des Erzählens und der Kriminalroman. S. 231.

306 Frizen, W./Spancken, M.: Patrick Süskind. Das Parfum. S. 121.

307 Süskind, P.: Das Parfum. S. 38.

308 Ebd. S. 188.

309 Vgl. Förster, N.: Die Wiederkehr des Erzählens. S. 15.

310 Vgl. Frizen, W.: Das gute Buch für jedermann oder Verus Prometheus. S. 762.

311 Vgl. Degler, F.: Aisthetische Reduktionen. S. 174ff.

kaschiert, sondern offen zur Schau gestellt wird.[312] Das scheinbar so
konventionelle Erzählen ist kein naiver Anachronismus, sondern wird
ähnlich wie der Gebrauch konventioneller Stilmittel bewusst inszeniert,[313] um das genialische Postulat unmittelbaren Ausdrucks zu konterkarieren. Die zutreffende Beobachtung der vordergründigen Erzählhaltung treibt jedoch manchmal auch seltsame Blüten: Rainer Scherf z.b.
versucht nachzuweisen, dass hier ein fundamentalistisch denkender
Erzähler vorliegt, der den Intentionen des Autors entgegenarbeitet und
die wahren Verhältnisse böswillig verschleiert.[314] Denn eigentlich sei
Grenouille ein unschuldiger, durch seine Sozialisation in das Verbrechen
Getriebener, der immer nur das Gute wollte, der erste Mord ein durch
die unglücklichen Umstände verkanntes Liebes-Angebot des Mädchens,[315] und der Suizid am Ende der heldenhafte, freiwillige Verzicht
auf einen anderweitigen Einsatz der Wunderwaffe.[316] Der richtige Kern,
der darin besteht, dass man den Erzähler nicht allzu ernst nehmen darf,
führt hier zu gänzlich textfernen Schlussfolgerungen. Denn der Inhalt
wird durch das künstliche Erzählverhalten nicht hinfällig, sondern im
Gegenteil in einer zu seiner Aussage parallelen Form präsentiert und auf
diese Weise sogar unterstützt.

Eine Zuspitzung erhält das mittelbare Erzählen zusätzlich durch ein
Phänomen, dessen Erwähnung in keiner Veröffentlichung zu „Das Parfum" fehlen darf: die Intertextualität. Der gesamte Text ist durchzogen
von Anspielungen auf Werke des Sturm und Drang, die Bibel, romantische Literatur, Nietzsche, etc., aber auch Erscheinungen der Populärkultur (vgl. z.B. das Zitat aus „Der Pate": „Er wollte Bouyon ein Angebot
machen, das dieser nicht würde ablehnen können [...]."[317]), was dem
Autor in der Kritik das Etikett des Epigonen[318] sowie den Vorwurf ein-
gebracht hat, er plündere tote Dichter wie Grenouille tote Häute.[319] Es ist
an dieser Stelle nicht möglich und auch nicht nötig, alle Bezüge im Ein-

---

312 Vgl. Willems, G.: Die postmoderne Rekonstruktion des Erzählens und der
     Kriminalroman. S. 230.
313 Vgl. Förster, N.: Die Wiederkehr des Erzählens. S. 17.
314 Vgl. Scherf, R.: Der verführte Leser. S. 11.
315 Vgl. ebd. S. 248.
316 Vgl. ebd. S. 53.
317 Süskind, P.: Das Parfum. S. 265.
318 Vgl. Fischer, M.: Ein Stänkerer gegen die Deo-Zeit. (04.03.1985).
319 Vgl. Stadelmaier, Gerhard: Lebens-Riechlauf eines Duftmörders. Patrick Süs-
     kinds Roman „Das Parfum – Die Geschichte eines Mörders". In: Die Zeit
     (15.03.1985).

zelnen aufzuzeigen – Aufzählungen finden sich u.a. bei Ryan[320] und
Frizen/Spancken[321] –, aber der offenkundig bewusst hergestellte Zusammenhang zwischen Intertextualität und der allgemeinen Infrage-
stellung herkömmlicher Wertmaßstäbe von Genie, Ursprünglichkeit und
Universalität[322] darf nicht übergangen werden. In der Verwendung von
Versatzstücken wird das auf der Handlungsebene thematisierte genialische Streben nach Authentizität auch formal unterminiert. Nicht von
ungefähr erreicht die intertextuelle Tendenz gerade während der Berg-
episode, also während des Stadiums der größten (aber letztlich frucht-
losen) unmittelbaren Innerlichkeit des Genies, einen Höhepunkt.[323] Das
Authentizitätspostulat, das das Geniedenken des 18. Jahrhunderts prägt
und nicht zuletzt die Literatur der ästhetischen Moderne und der Nachkriegszeit entscheidend beeinflusst hat (s. 2.2.2), wird folglich sowohl in
inhaltlicher als auch formaler Hinsicht ad absurdum geführt. Denn das
auf überlieferte Bausteine zurückgreifende Erzählen ist zwar virtuos,
aber durch und durch synthetisch[324] und damit dem Geniegedanken
sowie der „modernistischen Utopie von der absoluten schöpferischen
Ursprünglichkeit des Individuums und der Erschaffung des Kunstwerks
als intuitionistische 'creatio ex nihilo'"[325] entgegengesetzt:

> [Süskind] legt geradezu demonstrativ wenig Wert auf jene Originali-
> tät – mit der er andererseits seinen Helden Grenouille in überrei-
> chem Maße ausstattet. Ein Verzicht aus gutem Grund, denn *Das Par-
> fum* […] übt zugleich dezidierte Kritik an dem – gerade in Frank-
> reich und Deutschland seit dem Sturm und Drang so hingebungs-
> voll gepflegten – Geniekult samt seinem Originalitätsgebot, seinem
> Innovationszwang und seiner Revolutionsattitüde. (Späte Ausläufer
> dieses Kultes lassen sich bis hin zur Neuen Subjektivität nachweisen,
> die vom Autor die Originalität der Wahrnehmung, sprich: eine über-
> ragende Sensibilität, oder eine zwanghafte Originalität des Erlebens,
> sprich: Authentizität, verlangt.)[326]

Die Lust am Authentischen wird inhaltlich wie formal verabschiedet[327]
und der Originalitätswahn des Individuums durch den eigenen zur

---

320 Vgl. Ryan, J.: Pastiche und Postmoderne. S. 94f.

321 Vgl. Frizen, W./Spancken, M.: Patrick Süskind. Das Parfum. S. 111f.

322 Vgl. Ryan, J.: Pastiche und Postmoderne. S. 92.

323 Vgl. Frizen, W./Spancken, M.: Patrick Süskind. Das Parfum. S. 109f.

324 Vgl. Willems, G.: Die postmoderne Rekonstruktion des Erzählens und der
     Kriminalroman. S. 228.

325 Ebd. S. 242.

326 Wittstock, U.: Leselust. S. 149.

327 Vgl. Förster, N.: Die Wiederkehr des Erzählens. S. 28.

Schau getragenen Verzicht auf Originalität unterlaufen.[328] Die Substanz
alter Modelle wird aus der gegenwärtigen Zeiterfahrung heraus erprobt
und in Zweifel gezogen,[329] gleichzeitig wird für einen spielerischen Umgang mit dem Geniegedanken plädiert[330] und damit die tatsächliche –
nicht in trotziger Ablehnung nur vordergründig gelingende – Ablösung
von alten Ganzheitsvorstellungen und Autoritäten eingelöst,[331] die schon
bei Thomas Mann als einzig möglicher Ausweg erschien (s. 2.2.2).

In der Suspendierung von Authentizitätspostulat und Ganzheitssehnsucht manifestiert sich ein Bestreben, das als postmodern bezeichnet
wird. Und obwohl sich von mancher Seite heftiger Widerstand regte,[332]
ist der Postmodernismus von Süskinds Roman im akademischen Diskurs inzwischen mehrfach bestätigt worden.[333] Die bewusst als anachro-
nistisch vorgeführte ästhetische Geschlossenheit des Romans sowie die
ausgewiesene intertextuelle Künstlichkeit reflektiert die Fragwürdigkeit
ganzheitlicher Ordnungen,[334] die mit dem von Lyotard proklamierten
Ende der legitimationsstiftenden Metaerzählungen[335] einen wesentlichen
Aspekt der Postmoderne repräsentiert. Auch Welsch konstatiert als einer
der führenden Theoretiker der Postmoderne: „Die Postmoderne beginnt
dort, wo das Ganze aufhört. […] Ihre Vision ist eine *Vision der Plurali-
tät.*"[336] Die geschichtlichen Erfahrungen des 20. Jahrhunderts und die
Erkenntnis, dass Totalität immer nur totalitär eingelöst werden kann,
haben zu einem postmodernen Plädoyer für die plurale Heterogenität

---

328 Vgl. Frizen, W./Spancken, M.: Patrick Süskind. Das Parfum. S. 106.

329 Vgl. Schnell, Ralf: Geschichte der deutschsprachigen Literatur seit 1945.
2. überarb. und erw. Aufl. Stuttgart: Metzler 2003. S. 448.

330 Vgl. Jacobson, Manfred R.: Patrick Süskind's "Das Parfum": A Postmodern
Künstlerroman. In: GQu 65 (1992). S. 203.

331 Vgl. Hoffmann, D.: Arbeitsbuch Deutschsprachige Prosa seit 1945 II. S. 287.

332 Vgl. z.B. Ortheil, Hanns-Josef: Was ist postmoderne Literatur? In: Roman oder
Leben. Postmoderne in der deutschen Literatur. Hrsg. von Uwe Wittstock.
Leipzig: Reclam 1994 (= Reclam-Bibliothek 1516). S. 125.

333 Vgl. u.a. Willems, G.: Die postmoderne Rekonstruktion des Erzählens und der
Kriminalroman. S. 228. und Hoesterey, Ingeborg: Verschlungene Schriftzeichen.
Intertextualität von Literatur und Kunst in der Moderne/Postmoderne. Frankfurt a. M.: Athenäum 1988 (= Athenäums Monografien: Literaturwissenschaft 92). S. 176.

334 Vgl. Förster, N.: Die Wiederkehr des Erzählens. S. 165.

335 Vgl. Lyotard, Jean-François: Das postmoderne Wissen. Ein Bericht. Hrsg. von
Peter Engelmann. 3. Aufl. Wien: Passagen-Verlag 1994 (= Edition Passagen 7).
S. 112ff.

336 Welsch, W.: Unsere postmoderne Moderne. S. 39.

und zur Verabschiedung des Projekts der Neuzeit geführt.[337] Dass der Geniegedanke mit seinen Konstanten ein wesentliches Element der neuzeitlichen Epoche darstellt, wurde weiter oben dargelegt (s. 2.1.1). Indem „Das Parfum" die Dialektik des Geniekonzepts durch dessen Verknüpfung mit dem Geruchssinn exemplarisch vorführt, werden zugleich die im neuzeitlichen Denken des nichtsdestotrotz verführungsbereiten Menschen begründeten Gefahren thematisiert. Diese Veranschaulichung, die in sich negativistisch bleibt, avanciert in Verbindung mit der lustvoll unauthentischen Erzählweise zu einem postmodernen Plädoyer für den als positiv empfundenen Abschied von jeglichen Unmittelbarkeits- und Ganzheitsutopien.

Es existiert dabei nur eine Schwierigkeit: Wie Grenouilles Publikum von dem Liebesparfum verführt wird, ohne seine Machart zu erkennen, so ist es leicht denkbar, dass die Leserschaft von „Das Parfum" fasziniert ist, ohne die Intertextualität oder ihren Sinn zu bemerken.[338] Diese Gefahr steigt mit der internationalen, mit der deutschen Literaturtradition nur bedingt vertrauten Rezeption.[339] Und in der Tat hat Süskind Bedenken darüber geäußert, dass die Leser nicht nur den Spielcharakter der Erzählweise verkennen, sondern sich sogar mit dem Mördergenie Grenouille identifizieren würden.[340] Kissler besteht darauf, dass sich diese Entwicklung noch im Rahmen des Gesamtprojekts bewegt:

> Kommen wir zum Ende, und zwar zu einem guten. Seien wir nicht traurig, wenn wir die Anspielungen nicht alle erkannt haben, denn dies ist auch eine Begleiterscheinung der Auflösung starrer Ordnungen: Die Melodie nicht erkannt – macht nichts! Aber wir haben trotzdem Freude daran, eine triviale und große Freude. Dann sind wir nämlich zumindest Teilnehmer gewesen einer atemberaubenden Handlung [...].[341]

Doch auch wenn „Das Parfum" sein Thema nicht todernst und moralinsauer, sondern in einer unterhaltsamen Geschichte und damit auf typisch postmoderne Weise vorbringt, so deutet sich hier ein weiteres Kippphänomen an, das dem am Duftgenie problematisierten gar nicht so unähnlich ist.

---

337 Vgl. Welsch, W.: Unsere postmoderne Moderne. S. 5f.

338 Vgl. Degler, F.: Aisthetische Reduktionen. S. 127.

339 Vgl. Ryan, J.: Pastiche und Postmoderne. S. 94.

340 Vgl. Markham, J.: Success of smell is sweet for new German novelist. (09.10.1986).

341 Kissler, A./Leimbach, C.: Alles über Patrick Süskinds Das Parfum. S. 206.

3.5 Zwischenfazit: Destruktion des Genies

Das große Thema von „Das Parfum" ist die umfassende Destruktion des Genies durch die Verschmelzung des Geniegedankens mit der Geruchs-Sinnlichkeit. Indem die Klischees beider Traditionen miteinander verknüpft werden, entsteht mit dem Gedankenspiel des Geruchsgenies eine Kippfigur, die das dialektische Potenzial des Geniekonzepts aufzeigt und seine Konstanten jeweils ad absurdum führt.

Das Aufgreifen des Geniegedankens und die Konzentration auf die olfaktorische Wahrnehmung sind vielfach besprochen und analysiert worden – dass sich die Brisanz der Gesamtaussage jedoch gerade aus der sinnigen Verschränkung dieser beiden Phänomenbereiche ergibt, wurde nicht angemessen erkannt. Bei Frizen/Spancken zum Beispiel werden die Rückgriffe auf die Geniethematik ausführlich untersucht und in diesem Zusammenhang unter anderem die Darstellungen des Originalgenies, des kranken Genies, des dekadenten Genies und des postmodernen Genies dargelegt[342] sowie die Merkmale der Krankheit Genie in „Das Parfum" (körperliche Abnormität, mangelnde Intelligenz, Autarkie, etc.) im Einzelnen aufgeschlüsselt.[343] Zu ersterem ist anzumerken, dass diese ohnehin fragwürdige Typologie an der Sache vorbeigeht, da Grenouille als Kunstfigur all diese Aspekte der Genietradition untrennbar in sich vereint. Letzteres wiederum wäre nur dann sinnvoll, wenn man gleichzeitig die Konnotationen des Geruchssinns berücksichtigte.

Grenouille ist kein individueller Charakter, sondern das paradigmatische Genie schlechthin, eine Kunstfigur, ein Gedankenspiel, „eine vielschichtige Spottgeburt der Genie-Ideologie"[344] – kurz: „ein Super-Zeichen vom größten Genie aller Zeiten".[345] Das Geruchsgenie vereint mit Naturbezug, Subjektivismus und Autonomiestreben die wesentlichen Elemente des Geniekonzepts in gesteigerter Form in sich und verkörpert damit die gesamte Tradition des genialen Individuums, die zusammen mit ihm demontiert wird: „Daß mit Grenouille nicht nur ein einzelnes Genie scheitert, sondern mit ihm die gesamte Genietheorie desillusioniert wird, legen die zahlreichen Genie-Attribute aus dem 18. und 19. Jahrhundert nahe, mit denen der Protagonist geradezu überhäuft wird [...]."[346] Dass es bei dieser Häufung zu Widersprüchen und Unstimmigkeiten kommt, die nicht aufzulösen sind und unvermittelbar

---

342 Vgl. Frizen, W./Spancken, M.: Patrick Süskind. Das Parfum. S. 50ff.

343 Vgl. ebd. S. 58ff.

344 Frizen, W.: Das gute Buch für jedermann oder Verus Prometheus. S. 760.

345 Ebd. S. 770.

346 Förster, N.: Die Wiederkehr des Erzählens. S. 23.

bleiben, ist dabei als bewusste Strategie zu verstehen, die den formalen Montagecharakter in das Inhaltliche hineinträgt.

Die spezifischen Konnotationen des Geruchssinns als Sinn der animalischen Naturnähe, der intimen Affekte, der nicht regelhaft erfassbaren Originalität, der unkontrollierbaren Überwältigung etc. verabsolutieren in der Geschichte des olfaktorischen Genies die Konstituenten des ursprünglich emanzipatorischen Geniegedankens und das in ihnen angelegte dialektische Potenzial bis hin zum endgültigen Umschlag in das jeweilige destruktive Gegenteil: Aus Naturnähe wird Animalität, aus Innerlichkeit Autismus und aus Autonomiestreben Amoralismus. Das Genie mit seinen dunklen Seiten wendet sich in der Verschmelzung mit dem Geruchssinn – dessen Verdrängung ja ein Projekt der Aufklärung war! – gegen alle Freiheits- und Selbstbestimmungsutopien des vermeintlich mündigen Menschen. Am Ende ist Grenouille Genie, Mörder und Demagoge in einem,[347] wobei es sich nur um verschiedene, einander bedingende Aspekte derselben Idee handelt.

Die von Anfang an im Geniedenken angelegten Gefahren werden aus der Erfahrung des 20. Jahrhunderts heraus ins Extreme gesteigert und so die Tradition des großen Individuums und mit ihr das faszinierende Projekt der Neuzeit in Frage gestellt. „Das Parfum" ist keineswegs ein realitätsferner historischer Roman, sondern reflektiert im Medium der vergangenen Epoche bis in die Gegenwart reichende Entwicklungen und Mechanismen der aufgeklärten Zivilisation.[348] Das olfaktorische Genie steht an der Schwelle einer nach Freiheit strebenden Epoche als universale Mahnung an die Grenzen des in der Vernunft selbstbestimmten Individuums. Süskind führt exemplarisch vor, welche Schrecken die Idee der genialen Ausnahmepersönlichkeit mit sich bringt, und schafft so eine eindringliche Warnung vor der Verführungskraft und der Gefährlichkeit allen Kultgebarens. Wer vor diesem Hintergrund behauptet, dass Süskind im Gegensatz etwa zu Nietzsche die gesellschaftskritische Tendenz fehlt,[349] verkennt, dass hier unter anderem genau Nietzsches Gesellschaftskritik im Namen des Genies sowie der Geniemythos überhaupt kritisiert werden. „Das Parfum" knüpft deutlich erkennbar an die Tradition der Genieästhetik an, um dann ebenso deutlich erkennbar mit

---

[347] Vgl. Delseit, Wolfgang/Drost, Ralf: Patrick Süskind. Das Parfum. Stuttgart: Reclam 2000 (= RUB 16018: Erläuterungen und Dokumente). S. 69.

[348] Vgl. Hoffmann, D.: Arbeitsbuch Deutschsprachige Prosa seit 1945 II. S. 281f.

[349] Vgl. Wilczek, Reinhard: Zarathustras Wiederkehr. Die Nietzsche-Parodie in Patrick Süskinds Das Parfum. In: Wirkendes Wort 50 (2000). S. 250.

ihr zu brechen[350] und die totalitäre Seite jeder Totalitätssehnsucht zu zeigen:

> Es ist ein ungeheuer vielschichtiges Werk, ein parodistischer Künstlerroman, ein Lehrstück über Kräfte und Gefahren der Aufklärung, eine spielerische Kritik an überkommenen Vorstellungen von Originalität und Identität und schließlich ein ebenso klug wie subtil vollzogener Abschied von der modernen Sehnsucht nach einer umfassenden Ordnung.[351]

Die als positiv empfundene Verabschiedung des großen Ganzen wird dabei verpackt in eine unterhaltsame Geschichte, ohne besserwisserischen Ernst und jenseits allen weltverbessernden Pathos,[352] womit die typisch postmoderne Forderung eingelöst wird, Elite- und Populärkultur,[353] Unterhaltung und Lernen zu verbinden[354] und der Vergangenheit „mit Ironie, ohne Unschuld"[355] zu begegnen: „Aus ihr [der Postmoderne] redet nicht mehr ein totalisierender Weltgeist, sondern nur noch sozusagen kichernd der jeweilige Zeitgeist."[356]

Aus der postmodernen Nähe zur Massenkultur, deren Hang zu ihren eigenen Mythen von den Theoretikern nicht verkannt wird,[357] ergibt sich im Fall von „Das Parfum" freilich ein Problem: Ereilt Süskinds destruiertes Duftgenie beim Publikum nicht vielleicht dasselbe Schicksal wie das autonome Genie, das aus einem ursprünglich emanzipatorischen Zusammenhang heraus zum Zentrum eines kompensatorischen Kultverhaltens wird? Hat Süskind – wie unter anderem Beatrice von Matt befürchtet hat[358] – mit der Figur des Grenouille, die den Irrwitz enthusiastischer Massenfaszination deutlich machen sollte, selbst einen neuen Mythos der Massenkultur geschaffen? Der durchschlagende Erfolg des Romans bei einer breiten Leserschaft sowie die von Whitinger/Herzog herge-

---

350   Vgl. Wittstock, U.: Leselust. S. 150f.

351   Ebd. S. 140.

352   Vgl. Frizen, W./Spancken, M.: Patrick Süskind. Das Parfum. S. 68.

353   Vgl. Fiedler, Leslie: Überquert die Grenze, schließt den Graben! In: Roman oder Leben. Postmoderne in der deutschen Literatur. Hrsg. von Uwe Wittstock. Leipzig: Reclam 1994 (= Reclam-Bibliothek 1516). S. 21.

354   Vgl. Eco, Umberto: Nachschrift zum »Namen der Rose«. 9. Aufl. München: Hanser 1987. S. 69.

355   Ebd. S. 78.

356   Baumgart, R.: Postmoderne Literatur – auf deutsch? S. 144.

357   Vgl. Fiedler, L.: Überquert die Grenze, schließt den Graben! S. 34ff.

358   Vgl. Matt, Beatrice von: Das Scheusal als Romanheld. Zum Roman "Das Parfum" von Patrick Süskind. In: Neue Züricher Zeitung (15.03.1985).

stellte Nähe Grenouilles zu Dracula, Jack the Ripper oder Hannibal Lecter[359] lassen es vermuten und auch der Autor selbst stellt entsprechende Beobachtungen an: „The author said he was aware, and somewhat troubled, that many readers identified with the depraved Grenouille and his sanguinary quest."[360] In „Die Welt" war diesbezüglich zu lesen: „Und wo ist der Witz des Ganzen? Die neue Mythe eines olfaktorischen Vampirs? Zu spät für neue Mythen! Das ergibt höchstens morbides Amüsement und Stoff für Horrorfilme."[361] Ist es wirklich – ganz im Sinne der Romanbotschaft – zu spät für neue Mythen? Und wurde der Stoff tatsächlich zu einem trivialen Horrorfilm verarbeitet? Dies sind Fragen, die nun im folgenden Kapitel zu klären sind.

---

[359] Vgl. Whitinger, R. G./Herzog, M.: Hoffmann's Das Fräulein von Scuderi and Süskind's Das Parfum. S. 223.

[360] Markham, J.: Success of smell is sweet for new German novelist. (09.10.1986).

[361] Krämer-Badoni, Rudolf: Neuer Vampir für den Film? Patrick Süskinds Romangeschichte eines Mörders. In: Die Welt (16.02.1985).

4. Tom Tykwers Verfilmung

4.1 Eine kleine Verfolgungsgeschichte

Der Weg vom Roman zur Verfilmung war lang und sorgte seinerseits für unterhaltsame Geschichten. Produzent Bernd Eichinger, ein langjähriger Bekannter Süskinds, ließ sich von der vehementen Weigerung des Autors, die Filmrechte zu verkaufen, 16 Jahre lang nicht von immer neuen Anfragen abbringen. Ein Spiel, das mit „Rossini oder die mörderische Frage, wer mit wem schlief" (1997) schließlich selbst verfilmt und fiktionalisiert wurde. „Rossini", dessen Drehbuch von Patrick Süskind und Helmut Dietl stammt, entwirft mit dem öffentlichkeitsscheuen Bestsellerautor Jakob Windisch, der sich gegen die Verfilmung seines Buches wehrt, selbstironisch ein Zerrbild Süskinds:[362] Da verbreitet eine Zeitung Gerüchte, der Autor lebe zurückgezogen im schottischen Hochmoor und das einzige existierende Foto sei ein von schottischen Schäfern computergeneriertes Phantombild, da versucht der aufdringliche Produzent Oskar Reiter alles, um die Filmrechte für den Bestseller „Loreley. Die Geschichte einer Hexe." zu bekommen – da weigert sich der soziopathische Autor standhaft gegen den Verkauf der Rechte: „Ich will nicht, daß mein Buch verfilmt wird – das hab' ich doch immer gesagt!"[363]

Im Jahr 2001 verkauft Süskind aber schließlich doch noch an Bernd Eichinger. Obwohl ein erfahrener Drehbuchautor, will er an der filmischen Bearbeitung seines Romans keinen Anteil haben: Er veräußert die Rechte zu einer festen Summe, fordert keine Prozente und lehnt jede Mitarbeit kategorisch ab.[364]

Zwanzig Jahre nach Erscheinen des Romans wird der Film „Das Parfum. Die Geschichte eines Mörders." unter der Regie von Tom Tykwer im Zeitraum von Juli bis Oktober 2005 in Deutschland, Frankreich und Spanien gedreht und kommt schließlich 2006 in die Kinos. Mit Produktionskosten von rund 60 Millionen US-Dollar gilt „Das Parfum" als der teuerste deutsche Film aller Zeiten.[365] Er spielt weltweit über 135 Millionen US-Dollar ein.[366]

---

362 Vgl. Dietl, Helmut/Süskind, Patrick: Rossini oder die mörderische Frage, wer mit wem schlief. Zürich: Diogenes 1997 (= Diogenes Taschenbuch 22957). S. 64.

363 Ebd. S. 38.

364 Vgl. Lueken, Verena: ›Das Parfum‹ - vom Buch zum Film. In: Das Parfum. Das Buch zum Film. Hrsg. von Constantin Film. Zürich: Diogenes 2006. S. 10.

365 Vgl. die ständig aktualisierten Box-Office-Daten unter http://www.boxoffice mojo.com/movies/?_page=main&id=perfume.htm (Aufgerufen am 15.01.2010).

366 Vgl. ebd.

4.2 Zur Problematik von Literaturverfilmungen

Im akademischen Diskurs nehmen Literaturverfilmungen traditionell eine schwierige Zwischenposition ein. Obwohl ihre Betrachtung in der literaturwissenschaftlichen Forschung vor allem seit den 70er und 80er Jahren hoffähig wird,[367] fehlt hier einerseits oft die nötige Methodenkenntnis und wird andererseits aus einem impliziten Hierarchiedenken heraus lange Zeit Werktreue als Bewertungsmaßstab herangezogen.[368] In medienwissenschaftlichen Kontexten dagegen ist der Bezug zu einer literarischen Vorlage häufig negativ besetzt oder aber er wird zugunsten einer rein filmwissenschaftlichen Analyse vernachlässigt,[369] so dass wichtige Erkenntnisse verloren gehen, die sich aus einer vergleichenden Untersuchung ergeben könnten.

Dabei ist das Phänomen der Literaturverfilmung allgegenwärtig und „aus unserer medialen Kulturproduktion nicht mehr wegzudenken",[370] was Schätzungen bekräftigen, denen zufolge die internationale Filmgeschichte bis zur Hälfte aus Adaptionen literarischer Werke besteht.[371] Schon in seinen frühesten Anfängen als Jahrmarktsensation nimmt der Film Anleihen bei der Literatur, so z.B. mit den 1896 von Lumière verfilmten Motiven aus Faust.[372] Dies geschieht häufig aus Legitimationsgründen, da man das lange als populär bis vulgär geltende filmische Medium dem Niveau der traditionellen Künste angleichen und so auch bürgerliche Schichten erreichen will.[373] Zu einer so motivierten Anbin-

---

[367] Vgl. Paech, Joachim: Literaturwissenschaft und/oder Filmwissenschaft? In: Methodenprobleme der Analyse verfilmter Literatur. Hrsg. von Joachim Paech. 2. überarb. Aufl. Münster: Nodus-Publikationen 1988. S. 11ff.

[368] Vgl. Gladziejewski, Claudia: Dramaturgie der Romanverfilmung. Systematik der praktischen Analyse und Versuch zur Theorie am Beispiel von vier Klassikern der Weltliteratur und ihren Verfilmungen. Alfeld: Coppi-Verlag 1998 (= Aufsätze zu Film und Fernsehen 63). S. 5.

[369] Vgl. Schneider, Irmela: Der verwandelte Text. Wege zu einer Theorie der Literaturverfilmung. Tübingen: Niemeyer 1981 (= Medien in Forschung + Unterricht; Serie A; 4). S. 13.

[370] Gast, Wolfgang/Hickethier, Knut/Vollmers, Burkard: Literaturverfilmungen als ein Kulturphänomen. In: Literaturverfilmung. Hrsg. von Wolfgang Gast. Bamberg: Buchner 1993 (= Themen Texte Interpretationen 11). S. 12.

[371] Vgl. Albersmeier, Franz-Josef: Einleitung: Von der Literatur zum Film. Zur Geschichte der Adaptionsproblematik. In: Literaturverfilmungen. Hrsg. von Franz-Josef Albersmeier und Volker Roloff. Frankfurt a. M.: Suhrkamp 1989 (= Suhrkamp-Taschenbuch 2093: Materialien). S. 15.

[372] Vgl. ebd. S. 16.

[373] Vgl. Sölkner, Martina: Über die Literaturverfilmung und ihren „künstlerischen Wert". In: Literatur im Film. Beispiele einer Medienbeziehung. Hrsg. von Stefan

dung an die herkömmlichen Künste gibt es bald Gegenentwürfe, u.a. von Rudolf Arnheim, der in „Film als Kunst" (1932) die in den ureigenen Mitteln des Films begründete und dementsprechend in diesen zu suchende Kunstfähigkeit des jungen Mediums erläutert.[374] In André Bazins „Plädoyer für die Literaturverfilmung" (1952) findet die Adaption aber auch einen bekannten Befürworter, der sie nicht als „schändliche[n] Notbehelf"[375] ansieht, sondern in dem „großartige[n] Kapital an schon ausgearbeiteten Sujets"[376] der Literatur eine wichtige Chance für den Film erblickt, sich als Kunstform weiterzuentwickeln. Er plädiert dementsprechend für Werktreue, die jedoch wie eine gute Übersetzung das rechte Maß zwischen Wörtlichkeit und Freiheit treffen müsse.[377]

Es wird ersichtlich, dass die frühe Diskussion um Literaturverfilmungen, ob pro oder contra, maßgeblich vom schlechten Leumund des populären Mediums beeinflusst ist. Mittlerweile ist der Film durchweg als eigenständige Kunstform akzeptiert, aber die alten Spannungsverhältnisse zwischen den Künsten scheinen in dem oben skizzierten akademischen Zwitterdasein der Literaturverfilmung noch nachzuwirken. Immerhin hat sich seit Ende der 80er Jahre allmählich eine Haltung durchgesetzt, die sich von Werktreue als Maßstab einer Bewertung verabschiedet:

> Ich sehe darin einen fragwürdigen Analyseansatz und will deshalb nachfolgend erkunden, ob nicht dem Wächteramt der Philologien, das auf die filmische Einlösung von literaturwissenschaftlich ermittelten Textintentionen abhebt, verengte Vergleichsmaßstäbe unterliegen; ob, anders gesagt, unser Verständnis von den Möglichkeiten des Kinos nicht eher verhindert wird, wenn an Literaturverfilmungen normative Kriterien herangetragen werden, die die werkgetreue, textnahe Transponierung des literarischen Vorwurfs zur Voraussetzung einer geglückten Bearbeitung machen.[378]

Neuhaus. Würzburg: Königshausen & Neumann 2008 (= Film - Medien - Diskurs 22). S. 52ff.

374 Vgl. Arnheim: Rudolf: Film als Kunst. Mit einem Vorwort zur Neuausgabe. Frankfurt a. M.: Fischer 1979.

375 Bazin, André: Für ein unreines Kino. Plädoyer für die Literaturverfilmung. In: Bazin, André: Was ist Film? Hrsg. von Robert Fischer. Berlin: Alexander Verlag 2004. S. 113.

376 Ebd. S. 137.

377 Vgl. ebd. S. 127.

378 Schmidt, Johann: Bildersprache: über die Problematik von Literaturverfilmungen. In: Film und Literatur in Amerika. Hrsg. von Alfred Weber und Bettina Friedl. Darmstadt: Wiss. Buchgesellschaft 1988. S. 21.

Stattdessen wird nun gefordert, die Eigengesetzlichkeit der Medien sowie die Eigenständigkeit der Kunstformen anzuerkennen:[379] „Eine Literaturverfilmung ist immer in erster Linie ein Film und etwas anderes als das als Vorlage benutzte literarische Werk."[380] Heißt das nun, dass eine Adaption für die Literaturwissenschaft uninteressant und in der Medienwissenschaft am Besten ohne Bezug zur literarischen Vorlage zu analysieren ist? Mit Sicherheit nicht. Es heißt nur, dass der Film mit angemessenen Methoden untersucht werden muss und nicht im Vergleich zur Vorlage *bewertet* werden darf, nicht aber, dass er überhaupt nicht im Vergleich dazu betrachtet werden sollte:

> *Darf* man also literarische Texte und ihre filmischen Adaptionen miteinander vergleichen? – Ja! Natürlich muß man die Verfilmung eines bedeutenden Romans mit der Vorlage vergleichen *dürfen*; man *kann* es ja auch und stößt dabei in den meisten Fällen auf interessante Ergebnisse, die einen Vergleich allemal rechtfertigen. Wichtig ist dabei nur, daß beide Medien *fair* und ihren spezifischen Gestaltungsmöglichkeiten entsprechend behandelt werden.[381]

Eine Verfilmung ist immer ein zentraler Bestandteil der Rezeptionsgeschichte eines literarischen Werks und verdient damit prinzipiell die Aufmerksamkeit des Literaturwissenschaftlers.[382] Es ist daher selbstverständlich legitim und obendrein bedeutsam, von der hier vorgenommenen Romananalyse ausgehend zu fragen, wie Tykwers „Das Parfum" Süskinds Geschichte vom Genie des Geruchssinns interpretiert und (um)deutet, solange eventuelle Abweichungen vom Roman nicht zur Grundlage einer negativen Bewertung werden.

Die Fragen, die im Rahmen der übergeordneten Thematik an den Film gestellt werden, sind dabei sowohl inhaltlicher als auch formaler Art, wobei das Hauptaugenmerk jeweils auf den Unterschieden zur Vorlage liegen wird, da diese für das Verständnis der Eigenart der Adaption die wichtigsten Erkenntnisse liefern. Nachdem deutlich gemacht wurde,

---

[379] Vgl. Goetsch, Paul: Thesen zum Vergleich von literarischen Werken und ihren Verfilmungen. In: Film und Literatur in Amerika. Hrsg. von Alfred Weber und Bettina Friedl. Darmstadt: Wiss. Buchgesellschaft 1988. S. 49.

[380] Gast, W./Hickethier, K./Vollmers, B.: Literaturverfilmungen als ein Kulturphänomen. S. 14.

[381] Hurst, Matthias: Erzählsituationen in Literatur und Film. Ein Modell zur vergleichenden Analyse von literarischen Texten und filmischen Adaptionen. Tübingen: Niemeyer 1996 (= Medien in Forschung + Unterricht; Serie A; 40). S. 286.

[382] Vgl. Goetsch, P.: Thesen zum Vergleich von literarischen Werken und ihren Verfilmungen. S. 62.

inwiefern formale Aspekte wie die Abstraktheit des verbalen Codes oder die Mittelbarkeit des Erzählens für die Aussage des Romans – die Destruktion geniehafter Authentizität – eine zentrale Rolle spielen, wird unter anderem zu untersuchen sein, wie der spezifisch filmische Code, dem häufig eine besondere Unmittelbarkeit unterstellt wird, die Vermittlung der Geschichte des Geruchsgenies beeinflusst. Darüber hinaus soll analysiert werden, wie der Film das olfaktorische Genie inhaltlich interpretiert und inwiefern er dadurch neue Bedeutungen und somit einen eigenen Beitrag zur Geschichte des Geniegedankens schafft.

4.3 Gerüche im Film?

4.3.1 Mittelbarkeit bei der filmischen Geruchsdarstellung

Die wohl am häufigsten diskutierte Frage zur Verfilmung von „Das Parfum" ist die nach der filmischen Darstellbarkeit von Geruchswahrnehmungen. Denn obwohl die aisthetische Reduktion des Romans durch die Fokussierung des olfaktorischen Sinns bisweilen sogar als Adaption der selektiven filmischen Form interpretiert wird,[383] besteht doch kein Zweifel, dass die Zeichensysteme von Literatur und Film genuin andere sind und ein literarisches, somit sprachliches Werk über den Geruchssinn mit dem vor allem visuell-akustischen Code des filmischen Mediums doch recht wenig gemein hat.[384] Während die Sprache in ihrer Abstraktheit auf innerliche Vorgänge, seien es Gedanken, Gefühle oder eben Geruchsempfindungen, beschreibend zugreifen kann, sind die filmischen Mittel immer schon sinnlich erfahrbar – nur eben gerade nicht olfaktorisch.

Dabei hat es in der Geschichte des Films durchaus diverse Versuche gegeben, ein echtes Geruchskino zu etablieren:

> Kaum zu glauben und von der Literatur zu Film und Kino vernachlässigt, haben Düfte und Gerüche im Kino immer eine Rolle gespielt, als Eigengeruch des Kinos und seines Publikums, als plötzlich einsetzendes Duftereignis zusätzlich zum Film oder gar als 'programmierte' Duftkomposition eines speziellen Films.[385]

---

[383] Vgl. Degler, F.: Aisthetische Reduktionen. S. 9.

[384] Vgl. Mundt, Michaela: Transformationsanalyse. Methodologische Probleme der Literaturverfilmung. Tübingen: Niemeyer 1994 (= Medien in Forschung + Unterricht; Serie A; 37). S. 17ff.

[385] Paech, Anne: Das Aroma des Kinos. Filme mit der Nase gesehen: Vom Geruchsfilm und Düften und Lüften im Kino. http://www.uni-konstanz.de/FuF/Philo/LitWiss/MedienWiss/Texte/duft.html (Aufgerufen am 15.01.2010).

Seit den 40er Jahren unternahm man immer wieder entsprechende Experimente und versuchte, mittels verschiedener Verfahren, die so klangvolle Namen trugen wie „Odorated Talking Pictures", „Aroma-Rama" oder „Glorious-Smell-O-Vision", dem Zuschauer ein unmittelbares Geruchserlebnis zu bieten. Doch all diese Verfahren, die die Klimaanlage oder speziell installierte Düsen zur Verbreitung von Duftstoffen benutzten, führten entweder zu einem unerträglichen Duftchaos oder waren schlicht zu teuer, um sich auf Dauer durchzusetzen.[386] Und auch das „Odorama" von 1981, bei dem an die Zuschauer nummerierte Riechrubbelkärtchen verteilt wurden, die beim Erscheinen der jeweiligen Nummer auf der Leinwand freigerubbelt werden sollten, konnte sich schließlich nicht als fester Bestandteil eines Kinobesuchs etablieren.[387] Die Macher von „Das Parfum" mussten also andere Lösungen finden.

Die sicher einfachste Möglichkeit, die in diesem Fall auch genutzt wird, ist, analog zum Roman zu verfahren und die weder sicht- noch hörbaren Geruchsempfindungen sprachlich, z.B. über einen Off-Erzähler zu vermitteln.[388] Gerade bei Literaturverfilmungen bietet es sich oft an, Erzählerpassagen aus der Vorlage zu übernehmen, und auch wenn zum Teil die Meinung vertreten wird, eine Off-Erzählung sei nur noch in Ausnahmefällen als Rekurs auf das literarische Medium zu betrachten,[389] so ist dies im Fall von Adaptionen freilich anders zu bewerten. In Tykwers „Das Parfum" werden Teile des Romantextes beinahe wörtlich zitiert, nicht zuletzt, um jenseits der konkret sinnlich erfahrbaren Gestaltungsmittel des Films den abstrakt-verbalen Code zur Vermittlung von Geruchswahrnehmung einzusetzen:

> Zu der Zeit, von der wir reden, herrschte in den Städten ein für uns moderne Menschen kaum vorstellbarer Gestank. Und natürlich war in Paris der Gestank am größten, denn Paris war die größte Stadt Europas. Und nirgendwo in Paris war dieser Gestank so über alle Maßen widerlich wie auf dem Fischmarkt der Stadt. Hier nun, am allerstinkendsten Ort des ganzen Königreichs wurde am 17. Juli 1738 Jean-Baptiste Grenouille geboren.[390]

---

[386] Vgl. Paech, Anne: Das Aroma des Kinos.

[387] Vgl. ebd.

[388] Vgl. Hickethier, Knut: Film- und Fernsehanalyse. 3. Aufl. Stuttgart: Metzler 2001 (= Sammlung Metzler 277). S. 102.

[389] Vgl. Rajewsky, Irina O.: Intermedialität. Tübingen: Francke 2002 (= UTB 2261). S. 35.

[390] Tykwer, Tom: Das Parfum. Die Geschichte eines Mörders. Produktion: Bernd Eichinger. Drehbuch: Andrew Birkin/Bernd Eichinger/Tom Tykwer. Mit: Ben

Für diese Art der Geruchsvermittlung gilt natürlich das zur abstrakt-mittelbaren Form des Romans Ausgeführte in gleicher Weise (s. 3.4). Die Sprache vermag zwar die Vorstellung von Sinnlichkeit zu vermitteln, liegt dabei aber immer schon jenseits der unmittelbaren Erfahrung. Und auch der Bruch mit einem dem Dunstkreis des Genies zugehörigen Authentizitätspostulat, den Süskind durch das zur Schau gestellte Erzählen vollzieht, wird durch einen außerhalb der diegetischen Welt stehenden Off-Erzähler, der als explizite Vermittlerfigur zwischen Geschichte und Rezipient präsent ist und damit die Illusion von Unmittelbarkeit mindert,[391] nachvollzogen. Die Verfilmung wäre aber wohl ein schlechter Film, würde sie sich bei der Darstellung olfaktorischer Aspekte *nur* auf das symbolische Zeichensystem der Sprache und damit den Code der literarischen Vorlage stützen. Filme, in denen sprachliche Beiträge dominieren, werden oft als unfilmisch eingestuft,[392] ist doch die „audiovisuelle Darstellung im On als die grundlegende Vermittlungsform"[393] des Films anzusehen.

Statt verbal zu beschreiben, dass etwas riecht, wie etwas riecht, was die Protagonisten riechen etc., wäre es folglich genuin filmisch, diese Sachverhalte durch die visuelle und akustische Präsentation konkreter Gegenständlichkeit zu suggerieren.[394] Und in der Tat findet sich in „Das Parfum" eine auffallende Häufung von Einstellungen, die den Riechvorgang sowie das entsprechende Organ mit filmischen Mitteln in Szene setzen, was von der Kritik durchaus spöttisch kommentiert wird: „[...] Kameramann Frank Griebe versetzt den Zinken des Hauptdarstellers

---

Wishaw, Alan Rickman, Raches Hurd-Wood, Dustin Hoffman, Karoline Herfurth, Corinna Harfouch, Jessica Schwarz, Birgit Minichmayr. Musik: Tom Tykwer/Johnny Klimek/Reinhold Heil. Constantin Film 2006. 0:04:04-0:04:40. – Allgemeinverbindliche Regeln zum Zitieren aus Filmen existieren nach wie vor nicht. In dieser Arbeit werden inhaltliche und formale Beobachtungen analog zur Seitenangabe generell mit sekundengenauer Zeitangabe zitiert. Einzelne optische Gestaltungsmittel werden mittels Screenshots nachgewiesen, die im Abbildungsverzeichnis aufgelistet sind. Als Basis für die Analyse zentraler Szenen wurden detaillierte Einstellungsprotokolle erstellt, die bei Bedarf bei der Autorin angefordert werden können.

391 Vgl. Mundt, M.: Transformationsanalyse. S. 155f.

392 Vgl. Kracauer, Siegfried: Theorie des Films. Die Errettung der äußeren Wirklichkeit. Hrsg. von Karsten Witte. Frankfurt a. M.: Suhrkamp 1985 (= Suhrkamp-Taschenbuch Wissenschaft 546). S. 314.

393 Mundt, M.: Transformationsanalyse. S. 146.

394 Vgl. Reif, Monika: Film und Text. Zum Problem von Wahrnehmung und Vorstellung in Film und Literatur. Tübingen: Narr 1984 (Medienbibliothek, Serie B: Studien 5). S. 156.

Ben Whishaw in Dauerbelagerung. Der schnüffelt, bebt, wird in die Höhe gereckt, die Augen über ihm werden geschlossen, die Härchen zittern in Großaufnahme [...]."[395] Besonders markant ist bereits die Einführung Grenouilles über sein zentrales Organ.[396] Die erste Einstellung des Films zeigt acht Sekunden lang ein statisches und zunächst vor allem reichlich dunkles Bild, auf dem nur vage der Umriss eines menschlichen Oberkörpers erkennbar ist. Die zweite Einstellung geht mit einer Großaufnahme näher an die Figur heran, die aber weiterhin unkenntlich im Schatten verharrt. Langsam bewegt sie sich schließlich nach vorne, so dass die Nase – und nur sie – ins Licht taucht (vgl. Abb. 1). Nach einigen deutlich vernehmbaren Atemzügen weicht „die Nase" wieder in die Dunkelheit zurück. Am Ende des Vorspanns schließlich fährt die Kamera langsam immer näher auf Grenouilles nun deutlich erkennbares Gesicht zu, wobei wieder seine Nase den Fokus dieser Bewegung bildet, bis die Kamera schließlich sogar in das rechte Nasenloch eintaucht. Zu diesen sehr auffälligen Inszenierungen der Nase treten im Laufe des Films unzählige Detailaufnahmen von Grenouilles genialem Riechorgan hinzu (vgl. Abb. 2).

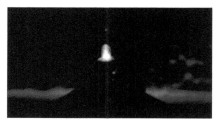

Abb. 1: Einführung der Nase

Auch das Schnüffeln an allen möglichen appetitlichen oder unappetitlichen Gegenständen wird im Laufe des Films immer wieder deutlich gezeigt. Sind Riechender und Gerochenes dabei nicht gleichzeitig im Bild, vermittelt die Abwechslung zwischen Einstellungen, die das Wahrnehmungssubjekt, und sol-

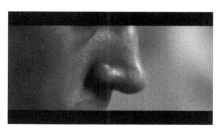

Abb. 2: Detail Nase

chen, die das entsprechende Objekt zeigen, nicht nur *dass*, sondern auch *was* es da zu riechen gibt. Ein deutlich vernehmbares Atemgeräusch zeigt im akustischen Bereich oft zusätzlich an, worum es geht. So z.B. während der Geburtsszene, bei der sich Aufnahmen des Säuglings mit drastischen Bildern von Schlachtabfällen, Ungeziefer und Dreck abwechseln, während das laute Atmen des Neugeborenen hörbar ist.[397]

---

[395]   Rodek, Hanns-Georg: „Das Parfum". In: Die Welt (12.09.2006).

[396]   Vgl. Tykwer, T.: Das Parfum. 0:00:39-0:03:51.

[397]   Vgl. ebd. 0:05:18-0:05:53.

Und *wie* etwas riecht, wird in diesen Bild-Ton-Kompositionen natürlich über den Gesichtsausdruck des Wahrnehmenden vermittelt. Die Mimik der Hingebung in Grenouilles Gesicht, als er in Lauras Duft schwelgt,[398] lässt zum Beispiel keinen Zweifel daran, dass es sich um ein besonders exquisites Dufterlebnis handeln muss. Auch an anderen Stellen wird die Signifikanz einer olfaktorischen Wahrnehmung schlicht durch die Wirkung auf die Umgebung gezeigt: an Baldini, der durch Grenouilles Duft in eine idyllische Liebesvision eintaucht,[399] an dem kleinen Hund der Prostituierten, den Grenouille mit dem isolierten Duft seines ermordeten Frauchens anlockt,[400] oder an der Menge, die sich durch das Liebesparfum zur Massenorgie hinreißen lässt.[401]

Dies stellt also die filmische Übersetzung verbaler Beschreibungen von Geruchswahrnehmungen in entsprechende Bilder und Geräusche dar. Ein reichlich banales und ebenfalls einigermaßen unsinnliches Unternehmen, obwohl es sich doch um konkrete visuelle und akustische Sinneserfahrungen handelt. Aber Detailaufnahmen einer dreckigen, großporigen Nase gehören nicht unbedingt zu den Mitteln, die den Zuschauer unmittelbar sinnlich ergreifen[402] – ganz zu schweigen von der Vorstellung, in diese Nase auch noch einzutauchen. Statt Affizierung herrscht vielmehr Distanz vor und es zeigt sich einmal mehr, dass auch der Film, obwohl er in der Hauptsache mit sinnlich direkt erfahrbaren Mitteln arbeitet, ein mittelbares Medium ist. Selbstverständlich riecht der Zuschauer nicht konkret etwas, wie von der Idee des Geruchskinos vorgesehen, aber darüber hinaus macht er – zumindest, was die bis jetzt beschriebenen Gestaltungsmittel betrifft – auch im audiovisuellen Bereich keine nennenswerten sinnlichen Erfahrungen. Es wird schlicht mit filmischen Mitteln erzählt, was der Roman mittels Sprache vermittelt: nämlich *dass* hier jemand riecht, *was* er riecht und *wie* es riecht. In vielerlei Hinsicht ist dieses Verfahren in gleicher Weise mittelbar und unauthentisch wie die abstrakte Form des Romans. Was den Geniegedanken und dessen Streben nach sinnlicher Unmittelbarkeit und Authentizität betrifft, so gilt, dass eben dieses auch im Film keineswegs zwangsläufig eingelöst wird. Wird also die filmische Adaption ähnlich wie die Romanvorlage, die ihre gerade nicht vorhandene Authentizität spielerisch-

---

398 Vgl. Tykwer, T.: Das Parfum. 1:01:11-1:01:19.

399 Vgl. ebd. 0:42:14-0:42:54.

400 Vgl. ebd. 1:17:37-1:18:08.

401 Vgl. ebd. 1:55:52-2:06:51.

402 Vgl. Alt, Constanze: Zu viel Nase. Gespräch mit Prof. Gottfried Willems über die Leinwand-Version von Süskinds Parfum". In: Ostthüringer Zeitung (15.09.2006).

lustvoll ausbreitet und auf die Spitze treibt, um so das zur Debatte stehende Geniekonzept zu konterkarieren, von einer Lust am Uneigentlichen und Mittelbaren geprägt? Nein, denn die von Tykwer und seinem Team eingesetzten filmischen Verfahren zur Darstellung der olfaktorischen Wahrnehmung erschöpfen sich keineswegs in den bislang erläuterten, wie nun im Folgenden zu zeigen sein wird.

4.3.2 Erfahrung sinnlicher Authentizität im Kino

In der Sekundärliteratur zu Süskinds Roman war spekuliert worden, dass im Falle einer Verfilmung die entsprechende Vermittlung von Gerüchen schwieriger sein würde als die rein sprachliche, dass sie aber durch intensive optische und akustische Eindrücke möglich wäre.[403] Es wurde oben festgestellt, dass keineswegs jede audiovisuelle Darstellung von Geruchswahrnehmungen selbst schon einen besonders sinnlichen Charakter hat, was jedoch nicht heißt, dass sie diesen nicht durch eine bestimmte Intensität der Gestaltung erhalten *kann*. Und eben darauf, d.h. auf die sinnliche Übertragung olfaktorischer Wahrnehmungen in spezielle optische und akustische Eindrücke, gehen die Macher von „Das Parfum" aus:

> Im Film können wir glücklicherweise auf mehrere Sprachformen zurückgreifen: die Sprache der Musik, der Töne und Geräusche sowie natürlich die der Bilder. Auf keinen Fall wollten wir in der Übertragung der Gerüche Farbtöne oder Spezialeffekte kreieren. Was uns vorschwebte, war zum Beispiel die Illustration einer Wiese im ersten Licht des Frühlings. Und wenn man hierbei das rechte Licht trifft, die richtige Kamerabewegung und den passenden Augenblick, dann kann auch der Zuschauer diese Wiese im wahrsten Sinne des Wortes riechen.[404]

Während der Roman mit der sprachlichen Gemachtheit des Textes und der fehlenden konkreten Sinneserfahrung spielte, um im Rahmen seines großen Themas, der Destruktion des Genies, das Authentizitätsstreben ad absurdum zu führen, strebt die Verfilmung das Gegenteil an. Durch bestimmte, real wahrnehmbare Sinneseindrücke soll eine der olfaktorischen zumindest analoge Wahrnehmung erzeugt werden. Doch wie wird diese Vorstellung im Einzelnen umgesetzt? Entsprechende Schlüsselszenen im Film sind Grenouilles Geburt, seine olfaktorischen Welterschließungsprozesse in Kindheit und Jugend, die geruchliche Erkun-

---

[403] Vgl. Degler, F.: Aisthetische Reduktionen. S. 112f.

[404] Bernd Eichinger. In: Das Parfum. Das Buch zum Film. Hrsg. von Constantin Film. Zürich: Diogenes 2006. S. 27.

dung der Stadt Paris sowie natürlich die Begegnungen mit dem Mirabellenmädchen und mit Laura. Diese müssen auf ihre jeweilige besondere
Gestaltung hin betrachtet werden, um die spezifische Vermittlung von
Geruchswahrnehmungen in „Das Parfum" und ihre Bedeutung im Kontext der Geniethematik zu erfassen.

Was mögliche optische Gestaltungsmittel betrifft, hoffte der Autor einer
neueren Monographie zum Roman im Hinblick auf den in Bälde erscheinenden Film auf psychedelisch eingefärbte Schlieren, die die verschiedenen Gerüche versinnbildlichen sollten.[405] Gott sei Dank, so darf
man wohl sagen, schien dieser Gedanke den Verantwortlichen nicht
ganz so naheliegend. Stattdessen wird auf genuin filmische Formelemen-
te gesetzt wie z.B. schnelle Schnitte, Detailaufnahmen oder eine auffällige Kameraarbeit, die in ihrer besonderen Ausgestaltung bemerkenswerte
sinnliche Effekte erzeugen. Bei der
Geburtsszene z.B. wird, wie oben
beschrieben, zwischen dem blutver-
schmierten Neugeborenen und
Umgebungsbildern hin- und her-
geschnitten. Das Umfeld des Fisch-
marktes wird jedoch nicht einfach
irgendwie gezeigt, sondern auf eine
spezifische, sehr eindrückliche Art
und Weise.[406] Der Inhalt der Bilder,
in erster Linie Großaufnahmen, ist

Abb. 3: Schlachtabfälle

drastisch inszeniert: Wir sehen Blut und Schleim, Tierkadaver, an denen
sich Ratten und Maden zu schaffen machen, Gedärme, Dreck und frisch
Erbrochenes, das eine Mauer hinabrinnt (vgl. Abb. 3). Neben dieser
Drastik, die den Zuschauer quasi unmittelbar anfällt, sind die sehr
schnellen Schnitte, die eine für Tykwer schon typisch zu nennende Bilderflut ergeben, besonders markant. Das infernalische Szenario wird in
bis zu fünf Einstellungen pro Sekunde gezeigt, die den Rezipienten
bewusst überfordern und so die optisch-sinnliche Wahrnehmung in den
Fokus der Aufmerksamkeit rücken.

Ähnlich und doch anders wird bei der Paris-Szene vorgegangen, in der
Grenouille zum ersten Mal mit den vielfältigen Gerüchen der Großstadt
in Berührung kommt.[407] Die Szene wird mit unscharfen, von einer wa-
ckeligen Handkamera aufgenommenen Bildern des Gedränges eröffnet.
Im Folgenden wird dann, ähnlich wie bei der Geburtsszene, zwischen

[405]   Vgl. Stark, G.: Süskinds ‚Parfum'. S. 130.

[406]   Vgl. Tykwer, T.: Das Parfum. 0:05:30-0:05:50.

[407]   Vgl. ebd. 0:13:29-0:15:05.

dem konzentriert riechenden Grenouille und seiner Umgebung abgewechselt. Obwohl bei den Umgebungseindrücken auch wieder schnelle Schnitte und kurze Einstellungen von weniger als einer Sekunde eingesetzt werden, ist hier doch eher die auffällige Kamerahandlung dominierend. Die Handkamera bewegt sich in unterschiedlicher Schnelligkeit auf fast gleitende Weise mitten durch das Gassentreiben. Reißschwenks und schnelle, zustoßende Bewegungen nach vorne fokussieren die verschiedensten Objekte, aus denen sich das Gemenge zusammengesetzt. Zahlreiche Groß- und Detailaufnahmen präsentieren aus nächster Nähe Münder, Austern, Stoffe, Gewürze, Kohle, Füße, Drucke, etc. Während bei der Geburtsszene die Schnelligkeit der Bilderflut im Vordergrund steht, ist hier die intuitive Bewegung sowie die Nähe zu den gezeigten Objekten zentral.

Aus olfaktorischer Sicht besonders wichtig sind auch die Begegnungen Grenouilles mit den beiden rothaarigen Mädchen, die seinen Werdegang maßgeblich beeinflussen. In der Verfilmung werden die zwei Figuren ihrer Ähnlichkeit gemäß auf analoge Weise eingeführt.[408] Zunächst werden jeweils intensiv wirkende Detailaufnahmen gezeigt – eine Schulter, eine Hand, ein Teil des Nackens, das Dekolleté, ein Auge, der Mund (vgl. Abb. 4) –, bevor in einer Halbtotale der Blick auf die ganze Person freigegeben wird. Dem pauschalen Gesamteindruck werden also in beiden Fällen extrem detaillierte Beobachtungen vorgeschaltet. Dies bedeutet eine zuerst

Abb. 4: Detail Mund

befremdende Umkehrung der klassischen filmischen Erzählweise, die üblicherweise von einem establishing shot, d.h. dem Überblick der Totale, über eine Halbtotale zu Nah- und Großaufnahmen übergeht. In „Das Parfum" dagegen wird in entgegengesetzter Richtung vom Detail auf das Ganze ausgegangen.[409] Die besondere Betonung von Details hat ihr Vorbild dabei durchaus im Roman, wie u.a. folgende Stelle zeigt:

> Sie hatte *rote Haare* und trug ein *graues Kleid ohne Ärmel*. Ihre *Arme* waren sehr weiß und ihre *Hände* gelb vom Saft der aufgeschnittenen Mirabellen. Grenouille stand über sie gebeugt und sog ihren Duft

[408] Vgl. Tykwer, T.: Das Parfum. 0:17:01-0:18:18 und 1:00:51-1:01:39.

[409] Vgl. Tom Tykwer. In: Trüby, Larissa: Interviews. Tom Tykwer (Regisseur). In: Das Parfum. Die Geschichte eines Mörders. Die Extras. Constantin Film 2006. 0:05:52-0:06:49.

jetzt völlig unvermischt ein, so wie er aufstieg von ihrem *Nacken*, ihren *Haaren*, aus dem *Ausschnitt ihres Kleides*, und ließ ihn in sich hin-
einströmen wie einen sanften Wind. [Hervorhebungen durch Ver-
fasserin]⁴¹⁰

Der zentrale Unterschied besteht jedoch darin, dass die abstrakte sprachliche Beschreibung den Leser lediglich dazu auffordert, sich diese Details
vorzustellen, während der Film den Zuschauer direkt mit der unmittelbaren Nähe in der Detailaufnahme konfrontiert.

Ein weiteres optisches Gestaltungsmittel findet unter anderem in der
Darstellung des jungen, sich die Welt olfaktorisch erschließenden Grenouille Anwendung:⁴¹¹ Während er mit geschlossenen Augen auf einem
Holzstapel liegt und versucht, die Gegenstände zu benennen, die er
riecht, folgt die Kamera in einem Flug seiner Wahrnehmung in wech-
selndem Zeitraffer. In Bodennähe fliegt sie über eine Wiese und durch
Grashalme hindurch, bis sie schließlich in das Wasser eines Tümpels
eintaucht und sich mitten in den von Grenouille gerochenen Froschlaich
hineinbewegt. Wieder steht also die distanzlose Nähe zu den Objekten,
vor allem aber die schnelle und kontinuierliche Bewegung im Vordergrund. Diese wird im Film ein weiteres Mal als besonderer Effekt eingesetzt: Als Grenouille die mit Richis fliehende Laura verfolgt und ihr
hinterherspürt, fliegt die Kamera im Zeitraffer über Grenouilles Schulter
hinweg weit über die Landschaft, bis sie die Fliehenden schließlich ein-
holt und in ihrer Bewegung langsamer wird.⁴¹²

In einem didaktisch orientierten Heft zum Film heißt es, „Das Parfum"
habe ein gänzlich neues filmisches Vokabular für die Darstellung von
Geruchswahrnehmungen entwickelt.⁴¹³ Angesichts der erläuterten optischen Verfahrensweisen an olfaktorischen Schlüsselstellen erscheint
diese Einschätzung vielleicht ein wenig überzogen, aber man kann doch
festhalten, dass Tykwer genuin filmische Mittel zum Einsatz bringt, um
spezifische und intensive sinnliche Eindrücke zu schaffen. Selbstverständlich verbreiten diese ebenso wenig konkrete Gerüche wie die unter
4.3.1 beschriebenen konventionelleren Formen, aber sie unterscheiden
sich davon in einem entscheidenden Punkt: Während jene nur auf filmische Weise erzählen, dass und wie etwas geruchlich wahrgenommen

⁴¹⁰ Süskind, P.: Das Parfum. S. 55.
⁴¹¹ Vgl. Tykwer, T.: Das Parfum. 0:10:32-0:11:40.
⁴¹² Vgl. ebd. 1:39:46-1:40:11.
⁴¹³ Vgl. Das Parfum. Filmheft – Materialien für den Unterricht. Hrsg. von Kulturfi-
      liale Gillner und Conrad. www.parfum.film.de/pdf/parfum_filmheft.pdf
      (Aufgerufen am 15.01.2010). S. 11.

wird, versuchen diese, die *Qualität* der Geruchswahrnehmung optisch zu vermitteln. Einerseits geschieht dies, indem durch ungewöhnliche und auffällige Montage und Kameraarbeit die optisch fokussierte Wahrnehmung bewusst gemacht[414] und dabei zugleich unterminiert wird, indem schnelle Schnitte, unscharfe Bilder oder additive Detailaufnahmen den visuellen Überblick erschweren: „Die Intensität des Geruchs verdrängt die optische Orientierung […]."[415] Auf der anderen Seite werden gewisse qualitative Merkmale der olfaktorischen Wahrnehmung wie Schnelligkeit, Drastik und Nähe auf die Bilder übertragen, so dass die Art und Weise der Geruchsempfindung zwar nicht direkt erlebt, aber doch zumindest visuell und damit auch sinnlich nachvollzogen werden kann. So wird auf der einen Seite die Geruchswahrnehmung als das ganz Andere, optisch eben nicht Erfass- oder Darstellbare bestätigt, und auf der anderen Seite das Visuelle als Medium in Anspruch genommen, um die spezifischen Qualitäten der olfaktorischen Sinneserfahrung im wahrsten Sinn des Wortes zu *veranschaulichen*. Selbstverständlich handelt es sich nach wie vor um eine übertragene Darstellung, da die riechenden Objekte eben nur gezeigt werden, ohne da zu sein, aber die besondere Art des Zeigens schafft einen intensiven und direkt visuell-sinnlich erlebbaren Eindruck, der als solcher dem Geruchssinn analoge Qualitäten aufweist.

Neben den optischen Gestaltungsmitteln spielen in „Das Parfum" natürlich auch die akustischen eine wichtige Rolle, wenn es darum geht, Geruchswahrnehmungen filmisch zu vermitteln. Vor allem die Musik wird in ähnlicher Weise wie die auffallende Optik dazu verwendet, die Spezifik eines olfaktorischen Erlebnisses – und diese Formulierung muss an dieser Stelle wörtlich verstanden werden – *im übertragenen Sinn* nachzuempfinden. Das Drehbuch gibt an mehreren Stellen konkrete Anweisungen, einzelne Gerüche als einzelne Töne darzustellen.[416] Diese Idee wurde am Ende zwar nicht an allen dafür vorgesehenen Stellen umgesetzt, aber zumindest in der Szene, die die ersten Duftkompositionsversuche des Knaben Grenouille zeigt, wird davon Gebrauch gemacht.[417] Als Grenouille im Garten des Waisenhauses einen Ast in die Hand nimmt und daran riecht, dominiert ein einzelner Ton, wohl von einem Blasin-

---

[414]   Vgl. Poppe, Sandra: Visualität in Literatur und Film. Eine medienkomparatistische Untersuchung moderner Erzähltexte und ihrer Verfilmungen. Göttingen: Vandenhoeck & Ruprecht 2007 (= Palaestra 327). S. 85.

[415]   Das Parfum. Filmheft – Materialien für den Unterricht. S. 11.

[416]   Vgl. Birkin, Andrew/Eichinger, Bernd/Tykwer, Tom: Das Drehbuch. In: Das Parfum. Das Buch zum Film. Hrsg. von Constantin Film. Zürich: Diogenes 2006. S. 35f.

[417]   Vgl. Tykwer, T.: Das Parfum. 0:08:57-0:09:56.

strument, den vorhandenen leisen Klangteppich. Es folgt ein Blatt, für das ein von einer weiblichen Sopranstimme gesungener Ton erklingt, und ein Apfel, für den ein hoher Ton eines Streichinstruments hörbar wird. Als Grenouille die drei Gegenstände nebeneinander auf den Boden legt, klingen die drei Töne schließlich harmonisch zusammen und ergeben damit ein musikalisches Analogon zu dem aus verschiedenen Komponenten zusammengesetzten Dufterlebnis eines Apfelbaums, der nun in einer Halbtotale gezeigt wird. Dies bleibt allerdings die einzige mehr oder minder direkte sinnliche Übersetzung dieser Art. Ansonsten werden die verschiedenen Geruchsempfindungen in einem allgemeineren Sinne vertont, indem versucht wird, die Stimmung, die ein bestimmter Duft auslöst, musikalisch einzufangen. Dies reicht von kleinen Momenten, z.B. dem Umschwung der Musik in die Dissonanz, als der Knabe Grenouille das Nahen eines auf ihn geworfenen Apfels erriecht,[418] bis hin zu den großen musikalischen Themata, die die Begegnungen mit den beiden rothaarigen Mädchen untermalen. Die Kombinationen aus Orchestermusik, Chorgesang und einer sphärisch wirkenden Sopranstimme verkörpern jeweils die Faszination, die der Mädchenduft auf Grenouille ausübt. Insbesondere Lauras Thema, das bei der Begegnung in Grasse sowie bei der Gewinnung ihres Dufts zu hören ist, ist als emotional ergreifender, betörender Sirenengesang konzipiert, der den Zuschauer in seinen Bann ziehen soll. Die Verunglimpfung der Musik als „Sopran-Singsang aus wenigen Noten, der uns ins Ohr sticht, wenn wir riechen sollen"[419] verkennt dabei, dass sie nie mit dem Ziel eingesetzt wird, wirklich riechen zu machen, sondern lediglich mit dem, die emotionale Befindlichkeit des Riechenden nachempfinden zu lassen. Denn wie die optische Gestaltung steht natürlich auch die Musik nur symbolisch für das Geruchserleben, doch wie die eindringliche Visualität bietet auch sie unmittelbare Sinnlichkeit und übermittelt über den akustischen Raum qualitative Charakteristika der olfaktorischen Wahrnehmung. Der Zuschauer kann zwar selbstverständlich nichts riechen, aber er erhält durch die analoge Sinneserfahrung der emotional ansprechenden Musik dasselbe Gefühl der Ergriffenheit wie die Hauptfigur:

> Als Interpretament der Geschichte wie als stilistischer Träger der Erzählperspektive wirkt die Musik weitaus emotionaler als die Sprache und stellt so, neben der ebenfalls direkteren Wirkung des Abgebildeten, ein entscheidendes Instrument der phatischen Anbindung

---

418 Vgl. Tykwer, T.: Das Parfum. 0:09:56-0:10:11.
419 Rodek, H.-G.: „Das Parfum". (12.09.2006).

des Rezipienten an den filmischen Text oder an einzelne Komponenten der erzählten Geschichte, besonders an bestimmte Figuren dar.[420]

Ein weiterer akustischer Bereich, der im Rahmen der Fragestellung nach filmischer Vermittlung von Geruchsempfindungen kurz betrachtet werden muss, ist der der Geräusche. Hier fallen analog zu den vielen Detailaufnahmen überdeutliche Geräusche auf: das Abhacken der Fischköpfe in der Geburtsszene;[421] das Rascheln der Grashalme bei dem Kameraflug, der Grenouilles Welterschließung in der Jugend illustriert;[422] das Hufgeklapper beim Gang durch Paris;[423] das extreme, raumfüllende Tropfgeräusch, als der erste Tropfen Rosenessenz bei Baldini in das Auffangglas fällt[424] uvm. Die eindringliche Akustik ahmt, insbesondere in Verbindung

Abb. 5: Detail Tropfen

mit Detailaufnahmen (vgl. Abb. 5), die sinnliche Intensität der Geruchsempfindung nach, wobei gerade die Kombination der gestalterischen Mittel durchaus beachtenswerte Eindrücke ergibt.

Dass die Geruchsillusion letzten Endes auch beim Film erst in der Vorstellung des Rezipienten entsteht, steht außer Frage. Wie im Buch ist ein Geruch auch hier nur symbolisch und damit mittelbar darzustellen, aber die filmischen Mittel bieten dennoch immer eine schon primär sinnliche, visuelle und akustische Erfahrung. Die von der Kritik oft gerügte vermeintliche Absicht, durch eine erschlagende Bilder- und Tonwelt den Riecheffekt erzwingen zu wollen,[425] geht deshalb an der Sache vorbei, weil sich die Filmemacher sehr wohl bewusst sind, ebensowenig ein tatsächliches Geruchserlebnis bieten zu können wie der Roman. Stattdessen wird versucht, in den medialen Gegebenheiten des Films ein sinnliches Erlebnis in Analogie zu qualitativen Merkmalen der Geruchsempfindung wie Schnelligkeit, Intensität, Nähe, Drastik oder Emotionali-

---

420   Mundt, M.: Transformationsanalyse. S. 204.

421   Vgl. Tykwer, T.: Das Parfum. 0:05:42-0:05:46.

422   Vgl. ebd. 0:10:56-0:11:06.

423   Vgl. ebd. 0:13:40-0:14:11.

424   Vgl. ebd. 0:50:13-0:50:20.

425   Vgl. Polanz, Antje: Der humanisierte Bösewicht. Eine analytische Betrachtung der Verfilmung des Weltbestsellers "Das Parfüm" von Patrick Süskind. In: literaturkritik.de (01.11.2006). http://www.literaturkritik.de/public/rezension.php?rez_id=10144&ausgabe=200611 (Aufgerufen am 15.01.2010).

tät zu ermöglichen. Während es bei der abstrakten Sprache von Süskinds Roman rein der Phantasie des Lesers überlassen ist, wie sehr er sich in die Geruchswelt hineinversetzen kann, ist der Zuschauer bei der Verfilmung konkret erfahrbaren Sinneseindrücken ausgesetzt, die ihn durch ihre besondere Form unmittelbar affizieren und damit die Geruchsempfindung zumindest *nach*-erleben lassen. Tykwer selbst formuliert diese Absicht so: „Unser Film mußte daher vor allem eine haptische Qualität entwickeln, anfaßbar sein. Das heißt, der Zuschauer soll wirklich mit dem Kopf des Kindes Grenouille direkt in die Gülle des Pariser Fischmarkts hineingeboren werden."[426] Welches Medium – Literatur oder Film – am Ende besser dazu geeignet ist, dem Rezipienten wirklich die Vorstellung eines Geruchs zu vermitteln, wäre im Einzelnen ein Thema für experimentalpsychologische oder physiologische Untersuchungen. An dieser Stelle kann lediglich das für die hier verfolgte Fragestellung wichtige Ergebnis festgehalten werden, dass die Adaption anders als der Roman konkrete Sinneserfahrungen bietet, die darüber hinaus in ihrer spezifischen Gestaltung die Qualität der olfaktorischen Wahrnehmung imitieren und damit Authentizität anstreben. Die Aussage, Literaturverfilmungen seien Neuversinnlichungen literarischer Texte,[427] trifft deshalb für „Das Parfum" in doppelter Hinsicht zu.

Was aber bedeuten diese Erkenntnisse nun für die übergeordnete Fragestellung nach dem Geniegedanken? Hinsichtlich des Romans wurde aufgezeigt, wie über sprachskeptische Einwürfe, eine Überstrapazierung konventioneller Stilmittel und die häufige Unterminierung sprachlicher Beschreibungen von Gerüchen das Streben nach authentischem Erleben parallel zur inhaltlichen Destruktion des Geniekonzepts konterkariert wird. Der verbal-abstrakte Code der Sprache steht der unmittelbaren Sinneserfahrung immer gegenüber. Anders der audiovisuelle des Films, der die Gegenwart der Sinne und das reale Erleben sinnlicher Eindrücke betont. Natürlich riecht das Bild der Rose genauso wenig wie der Name der Rose, aber das Bild kann, wenn es mit filmischen Mitteln entsprechend in Szene gesetzt ist, eine der Geruchswahrnehmung analoge, intensive optische Erfahrung ermöglichen. Kommt noch ein entsprechendes musikalisches Thema hinzu, ist eine emotional besonders stark ansprechende Kombination geschaffen, die den Zuschauer die Geruchsempfindungen der Protagonisten in den übertragenen Sinnen qualitativ nacherleben lassen soll. Was im Roman ironisch unterminiert worden war, ist in der Verfilmung wieder präsent, wenn die Mittelbarkeit des

---

[426] Tom Tykwer. In: Das Parfum. Das Buch zum Film. S. 142.

[427] Vgl. Gast, W./Hickethier, K./Vollmers, B.: Literaturverfilmungen als ein Kulturphänomen. S. 20.

filmischen Erzählens (s. 4.3.1) immer wieder zugunsten unmittelbarer, assoziativer visueller und akustischer Sinnesreize durchbrochen wird. Die Lebendigkeit der Sinne soll an diesen Stellen bewusst werden und ein authentisches, emotionales Miterleben garantieren. War die Suspendierung des Authentizitätspostulats als Teil der Genie-Ideologie das zentrale Anliegen des Romans, ist seine Einlösung das der Adaption. Inwiefern sich die Tendenz, die sich hier andeutet, auch in der inhaltlichen Ausgestaltung des Geruchsgenies und der damit verbundenen Interpretation des Geniegedankens fortsetzt, wird im folgenden Abschnitt zu untersuchen sein.

4.4 Das Geruchsgenie als Identifikationsfigur

4.4.1 Kultivierung des Animals

Im Roman war durch die Verbindung von Genie und Geruchssinn der herausgehobene Naturbezug als zentraler Aspekt des ursprünglichen Geniekonzepts zugleich auf die Spitze getrieben und ins Biologistisch-Animalische gewendet worden. Die traditionellen Konnotationen des Geruchssinns lassen ihn zwischen unmittelbarer Naturerfahrung und tierischem Dasein changieren, wodurch das Geruchsgenie gerade in seiner besonderen Fühlung mit der Natur zum Animal mutiert (s. 3.3.1).

Wie verhält es sich in der Verfilmung mit dieser Unterminierung der genialen Beziehung zur Natur? Es finden sich durchaus Szenen, in denen die tierische Seite an Grenouille inszeniert wird. Zum Beispiel vermitteln bereits die oben besprochenen ersten Einstellungen des Films, dass wir es hier mit einem witternden Subjekt zu tun haben. Unmittelbar darauf wird Grenouille an Ketten aus der Zelle durch das Gefängnis vor das Volk gezogen wie eine Tier. Die gebückte Haltung des halbnackten, geschundenen und dreckigen Körpers sowie die aufgrund der Fußfesseln kleinen Schritte geben ihm dabei den Anschein eines gefangenen Raubtiers.[428] So wird schon im Vorspann durch die Inszenierung des Witterns und der direkt darauf folgenden menschenunwürdigen Behandlung die traditionelle Verbindung von Geruchssinn und Animalität bekräftigt. Auch die Geburtsszene zeigt Grenouille als der niederen Natur zugehörig.[429] In den zwischen dem Baby und den Tierresten hin- und herwechselnden Einstellungen ist der Säugling optisch kaum von den organischen Abfällen zu unterscheiden (vgl. Abb. 6-7). Durch das olfaktorische Erfassen der Umgebung und der damit einhergehenden unmittelbaren Affizierung ist das Neugeborene direkt eingebunden in

---

[428] Vgl. Tykwer, T.: Das Parfum. 0:00:39-0:03:51.
[429] Vgl. ebd. 0:04:52-0:05:53.

das biologistische Geschehen von Fressen und Gefressenwerden, Zersetzung und Verwesung. Inwiefern über formale Gestaltungsmittel versucht wird, diese authentische sinnliche Anbindung an den Zuschauer weiterzugeben, wurde oben analysiert (s. 4.3.2). Der für Tykwer fast schon typische laute Herzschlag, der die ganze Szene begleitet, betont

Abb. 6: Grenouille als Neugeborenes   **Abb. 7: Organische Abfälle**

darüber hinaus den vitalistischen Bezug zum naturhaften, körperlichen Leben, der der olfaktorischen Welterfahrung nachgesagt wird. Der Herzschlag taucht wieder auf, als der Säugling im Waisenhaus am Finger eines anderen Jungen riecht[430] und begleitet schließlich die Szenen von Grenouilles Heranwachsen, von dem Mordversuch der anderen Waisenhauskinder an über die Geruchserfahrungen des Kindes und des Jugendlichen bis hin zum Dasein als Gerbergehilfe.[431] Er wird so zum Signum eines mit der Konzentration auf den Geruchssinn zusammenhängenden existenziellen Lebenswillens. Die Nähe des Geruchsgenies zur biologistischen Natur wird außerdem über die fehlende Scheu vor der Berührung mit organischen Fäulnisprozessen etc. demonstriert. So beobachten die anderen Kinder im Waisenhaus angewidert, wie Grenouille an einer toten Ratte schnüffelt, während dieser offensichtlich auch von den Würmern nicht abgestoßen ist, die, wie er riecht und wir durch einen Blick in die Ratte hinein zu sehen bekommen, im Innern des Tierkadavers ihr Werk verrichten.[432] Schließlich wird auch in ähnlicher Weise wie im Roman der optische Sinn als Sinn der Abstraktion und des Verstandes gegen den olfaktorischen als Sinn des authentischen körperlichen Erlebens ausgespielt. Gerade wenn Grenouille besonders intensiv riecht, werden erst seine geschlossenen Augen und dann seine Nase gezeigt: Das Licht der Erkenntnis braucht er nicht, denn er orientiert sich über die Welt der Gerüche. Es kann also festgehalten werden, dass das Kippphänomen vom Genie als Kind der Natur zum witternden Animal, das

---

[430]   Vgl. Tykwer, T.: Das Parfum. 0:07:43-0:07:47.

[431]   Vgl. ebd. 0:08:09-0:12:50.

[432]   Vgl. ebd. 0:10:10-0:10:32.

Süskind durch die Verknüpfung des Geniekonzepts mit Klischees des Geruchssinns geschaffen hat, im Film an vielen Stellen durchaus eine Rolle spielt und entsprechend inszeniert wird. Gleichzeitig fällt jedoch auf, dass die Drastik, mit der der Roman das Bestialische des olfaktorischen Genies beschreibt, in der Verfilmung deutlich abgemildert und das Animal gleichsam kultiviert wird. Die vielen direkten Tiervergleiche, die im Roman keinen Zweifel am animalischen Wesen des Geruchsgenies ließen, fallen im Film weg. Lediglich einer hat Eingang in die Off-Erzählung gefunden: „Kaum einer überlebte mehr als fünf Jahre in Grimals Gerberei, aber Jean-Baptiste war zäh wie ein resistentes Bakterium."[433] Auch auf eine allzu deutliche Animalisierung in Besetzung und Darstellung der Hauptfigur wird verzichtet. Grenouille, von dem es im Roman heißt, er sei hässlich, wenn auch nicht allzu zu extrem, von gedrungenem, krötenhaftem Wuchs, buckelig, hinkend und von überstandenen Krankheiten entstellt, ist im Film nichts von alledem. Im Vorfeld der Verfilmung war immer wieder auf die schwierige Frage der Besetzung Grenouilles hingewiesen worden,[434] denn einen Kinohelden mit den aufgezählten Attributen gibt es in der Tat selten. Gerüchte, man habe bei der Besetzung der Hauptrolle ursprünglich an bekannte Hollywood-Schönlinge wie Leonardo DiCaprio oder Orlando Bloom gedacht,[435] zeigen, dass die Verfilmung hier ein deutlich anderes Konzept verfolgt als die Vorlage. Denn auch wenn es keiner der Beaux geworden ist, sondern der bis dahin relativ unbekannte und etwas markantere Ben Whishaw, so ist auch sein Grenouille wahrlich nicht hässlich, gedrungen oder buckelig zu nennen. Stattdessen sehen wir einen hochgewachsenen, schlanken bis schlaksigen, alles in allem durchaus gutaussehenden jungen Mann. Oder wie ein Rezensent es formuliert: „Whishaw ist ein kantiger, auch angemessen seltsamer und geheimnisvoll dreinblickender Bursche; und er sieht auch in Lumpen verteufelt gut aus […]."[436] Mit Ausnahme vielleicht des Säuglingsstadiums – man hat schon niedlichere Babys gesehen – wird der Grenouille des Films in allen Lebensaltern als optisch ansprechend und keineswegs animalisch inszeniert (vgl. Abb. 8-9). Es wird oft darauf hingewiesen, dass sich der Rezipient beim Lesen eine eher vage Vorstellung einer Figur macht, während der Film die Rolle mit der Bestimmtheit einer einzelnen Person füllen muss,[437] womit

---

433 Tykwer, T.: Das Parfum. 0:12:23-0:12:30.

434 Vgl. Degler, F.: Ästhetische Reduktionen. S. 114.

435 Vgl. Kissler, A./Leimbach, C.: Alles über Patrick Süskinds Das Parfum. S. 149.

436 Höbel, Wolfgang: Der Mörder und die Frauen. In: Der Spiegel (04.07.2005).

437 Vgl. Iser, Wolfgang: Der Akt des Lesens. Theorie ästhetischer Wirkung. 4. Aufl. München: Fink 1994 (= Uni-Taschenbücher 636). S. 223.

Abb. 8: Grenouille als Kind   Abb. 9: Grenouille als Erwachsener

er die Figur zu einem wesentlichen Teil interpretiert.[438] Im Falle von „Das Parfum" ist diese Interpretation eindeutig: weg vom allzu Animalischen des Geruchsgenies, hin zur Allgemeinverträglichkeit des gutaussehenden Jünglings.

Auch an anderen Stellen wird der animalische Aspekt abgemildert. So lernt Grenouille zwar auch im Film erst spät sprechen – sogar noch später als im Roman –, aber im Gegenzug wird der Reichtum seiner sinnlichen Wahrnehmung besonders in den Vordergrund gestellt. Das in der Vorlage wichtige Unverständnis Grenouilles für abstrakte Begriffe und damit als genuin menschlich anzusehende Eigenschaften dagegen wird ausgespart. Die außergewöhnliche Fühlung mit der Natur, die in den Kindheits- und Jugendszenen vermittelt wird,[439] wird durch die oben erläuterten auffälligen Gestaltungsmittel (s. 4.3.2) als Faszinosum inszeniert und vor allem durch den weihevollen, bzw. harmonischen Charakter der Musik ästhetisiert. Die menschlichen Defizite des olfaktorisch orientierten Genies stehen hinter der Einzigartigkeit seiner Begabung zurück, die denn auch der Off-Erzähler zusätzlich betont:

> Im Alter von fünf Jahren konnte Jean-Baptiste immer noch nicht sprechen, aber er besaß eine angeborene Gabe, die ihn von allen anderen Menschen unterschied. […] Nach und nach wurde ihm bewusst, dass sein außerordentlicher Geruchssinn eine Gabe war, die nur ihm gehörte – ihm allein.[440]

Eine hinsichtlich des Kippphänomens vom Kind der Natur zur Bestie zentrale Passage des Romans war das siebenjährige Höhlendasein Grenouilles. Obwohl dieser an äußerer Handlung arme Abschnitt in der Adaption nicht etwa gestrichen wird, wird er auf das Minimale verkürzt. Die Bergszenen nehmen nur gut zwei Minuten der insgesamt 142 Minu-

---

438 Vgl. Mundt, M.: Transformationsanalyse. S. 52.
439 Vgl. Tykwer, T.: Das Parfum. 0:08:45-0:11:40.
440 Ebd. 0:08:58-0:10:25.

ten Laufzeit des Films ein.[441] Etwaige Nahrungsaufnahme- oder Verdau-
ungsaktivitäten kommen hierbei nicht zur Darstellung – das im Roman
beschriebene tierische Dasein der siebenjährigen Bergeinsamkeit wird
ausgeblendet.

Zusammenfassend kann festgestellt werden, dass das in der Vorlage
wichtige Umkippen vom geniehaften Dasein am Busen der Natur zum
triebhaften Wesen des Animals, das durch die Verschmelzung von Geniekonzept und Geruchssinn vorgeführt wird, im Film zwar durchaus
präsent ist, jedoch in deutlich abgeschwächter Form. Der Grenouille der
Adaption ist nicht die Bestie des Romans, sondern ein aufrechter Jüng-
ling mit nur entfernt tierhaften Anklängen.

4.4.2 Subjektivierung des Autisten

Mit dem Innerlichkeitspathos wird im Roman durch das Geruchsgenie
außer dem Naturbezug eine weitere Konstituente des Geniegedankens
untergraben (s. 3.3.2). Der olfaktorische Sinn als Sinn der Affekte und der
Intimität ermöglicht Grenouille eine besonders intensive Hinwendung
zur inneren Sphäre, die jedoch in ihrer extremen Steigerung in Autismus
und Narzissmus umschlägt. Durch seine Geruchlosigkeit und damit
seinen Mangel an Identität wird der Weg nach innen schließlich endgültig unterminiert und die Suche nach dem eigenen Ich zum Scheitern
verurteilt.

Ähnlich wie im Fall der Animalität werden die traditionellen Stereotype
des Geruchssinns als Sinn der Affekte und Sinn der autistische Formen
annehmenden Innerlichkeit im Film durchaus an einigen Stellen bestätigt. Die unmittelbare und in der Regel der bewussten Kontrolle entzo-
gene Steuerung der Emotionen durch Düfte wird mehrfach vor Augen
geführt: Grenouille ist von dem Duft des Mirabellenmädchens unwiderstehlich angezogen;[442] Baldini taucht durch das Parfum des Genies direkt
in eine Idyllenvision ein;[443] Druot – und dies bedeutet eine zusätzliche
Szene im Vergleich zur Vorlage – vergisst durch nur einen Tropfen eines
Mädchendufts glatt seinen Ärger auf Grenouille[444] und die Menschen auf
dem Platz in Grasse werden schließlich Teil einer rauschenden Orgie.[445]
Auch die Außenseiterrolle Grenouilles, der in seiner inneren Duftwelt

---

441 Vgl. Tykwer, T.: Das Parfum. 0:57:18-0:59:24.
442 Vgl. ebd. 0:17:01-0:25:34.
443 Vgl. ebd. 0:42:14-0:42:54.
444 Vgl. ebd. 1:24:57-1:24:40.
445 Vgl. ebd. 1:55:52-2:06:51.

lebt, wird immer wieder herausgestellt. Er spricht den ganzen Film über
nur äußerst wenig und geht keinerlei nennenswerte soziale Kontakte ein.

Doch andererseits gilt hinsichtlich des gefährlichen Innerlichkeitspathos
des Geniekonzepts dasselbe wie für die Beziehung zur Natur: Die negativen Seiten des Kippphänomens, in diesem Fall Autismus, Narzissmus
und sogar Identitätsverlust, werden in der Verfilmung merklich zurückgenommen. Wie hinsichtlich der Animalität spielt hierbei die drastische
Kürzung der Höhlenepisode eine zentrale Rolle. Wo der Roman das
herrschaftliche innere Welttheater, das sich Grenouille in der Abgeschie-
denheit entwirft, während er äußerlich zum Tier regrediert, lange ausbreitet, werden diese für eine Destruktion des Genies wichtigen Aspekte
im Film ausgespart. Dass die innerlichen Herrlichkeiten mit filmischen
Mitteln nur schwer darzustellen gewesen wären, scheint nicht der Punkt
zu sein, da statt dessen ja eine andere Vision, nämlich die des Nicht-
Erkanntwerdens durch das Mirabellenmädchen, gezeigt wird.[446] Das
genialische Schwelgen in der eigenen Innerlichkeit wäre also durchaus
vermittelbar und ähnliche Brüche durch die ironische Konfrontation von
Innen- und Außenwelt wie im Roman problemlos erreichbar gewesen.
Hinter der Minimierung des Höhlendaseins und der inhaltlichen Abänderung des Stoffs ist folglich eine andere Motivation zu suchen. Um
diese zu verstehen, ist es wichtig zu fragen, was an die Stelle der aus-
schweifenden Innerlichkeit und weltverachtenden Selbstgenügsamkeit
tritt. Das Wesentliche der kurzen Szene wird über den Off-Erzähler
vermittelt:

> So führte ihn seine Nase immer weiter fort von den Menschen und
> trieb ihn immer heftiger dem Magnetpol der größtmöglichen Ein-
> samkeit entgegen. Grenouille brauchte eine Weile, um zu begreifen,
> dass er einen Ort gefunden hatte, an dem Gerüche so gut wie abwe-
> send waren. Ringsum herrschte nichts außer dem stillen Duft von to-
> tem Stein. Der Ort hatte etwas Heiliges an sich. Nicht länger abge-
> lenkt von jedwedem Äußeren konnte er endlich ungestört in seiner
> eigenen Existenz baden – und fand es herrlich. Mit der Zeit verflüch-
> tigten sich Grenouilles Pläne und Obsessionen und vielleicht hätte er
> hier den Rest seines Lebens verbringen können…[447]

Während das Baden in der eigenen Existenz auf einen einzigen Erzähler-
satz zusammenschrumpft, wird mit der Heiligkeit des Ortes ein neuer
Aspekt herausgestellt. Zwar war auch in der Vorlage von der heiligen

---

[446] Vgl. Tykwer, T.: Das Parfum. 0:57:18-0:59:24.
[447] Ebd. 0:56:40-0:58:24.

Scheu die Rede gewesen, die Grenouille beinahe überkommt,[448] doch das kleine Wort „beinahe" und schließlich die deutliche Zurückweisung etwaiger Analogien des asketischen Daseins zu dem in Heiligenlegenden beschriebenen[449] machen deutlich, dass an dem Geschehen nichts Heiliges zu finden ist. Anders im Film: Die bildliche Inszenierung vermittelt etwas von der düsteren Schönheit eines Caspar David Friedrich-Gemäldes (vgl. Abb. 10), die heilige Aura des Ortes wird eindeutig durch den Erzähler konstatiert und schließlich auch durch die Musik untermauert. So begleitet ein sakral wirkender Chorgesang Grenouilles Entdeckung der Höhle und seine Versenkung in sich selbst,[450] der keinen Zweifel an der Erhabenheit des Moments lässt. Der lebensferne

Abb. 10: Bergeinsamkeit

Rückzug in die eigene Innerlichkeit wird nicht als destruktiver Akt eines Autisten und Narziss dargestellt, sondern als Meditation des außergewöhnlich Begabten sakralisiert.

Doch auch diese muss schließlich in der Entdeckung der eigenen Geruchlosigkeit im Traum enden. Allerdings wird diese ebenfalls neu akzentuiert, denn anders als der Roman-Grenouille, den schlicht die Angst packt, über sich selbst und damit über sein Inneres, auf das er soviel hält, nicht Bescheid zu wissen,[451] ist diese Angst in der Verfilmung stärker an der Umwelt orientiert, was schon darin zum Ausdruck kommt, dass der entscheidende Traum nicht wie in der Vorlage ein ich-bezogener ist, sondern statt dessen das Mirabellenmädchen wesentlich in die Erfahrung des Mangels einbezieht. Der Persönlichkeitsverlust, der durch den fehlenden Eigengeruch verkörpert wird, stellt nicht mehr ein Problem dar, das Grenouille nur mit sich selbst hat, sondern ist deutlicher auf seine Mitmenschen bezogen:

> Tausend Gerüche waren in seinen Kleidern: der Geruch von Sand, Stein, Moos – sogar der Geruch der Wurst, die er Wochen zuvor gegessen hatte. Nur ein Geruch fehlte. Sein eigener. Grenouille begriff zum ersten Mal in seinem Leben, dass er selbst keinen Geruch besaß. Er begriff, dass er sein Leben lang für alle ein Niemand gewesen war. Was er jetzt empfand, war die Angst, tatsächlich nicht vorhan-

448   Vgl. Süskind, P.: Das Parfum. S. 156.
449   Vgl. ebd. S. 157f.
450   Vgl. Tykwer, T.: Das Parfum. 0:57:18-0:58:10.
451   Vgl. Süskind, P.: Das Parfum. S. 175.

den zu sein – gerade so, als existiere er nicht. Beim ersten Licht des nächsten Morgens hatte Grenouille einen neuen Plan: er musste seine Reise nach Grasse fortsetzen. Dort würde er der Welt nicht nur zeigen, dass er existierte – dass er ein Jemand war –, sondern dass er außergewöhnlich war.[452]

Grenouille hat nicht nur die Angst, ein Niemand zu sein, sondern vor allem, *für die anderen* ein Niemand zu sein, weshalb es zu seiner wichtigsten Motivation wird, eben diesen seine Außergewöhnlichkeit zu beweisen. Die absolute Selbstbezogenheit der Vorlage wird zugunsten einer vermehrten Außenorientierung des Selbstverständnisses aufgelöst.

Darüber hinaus wird das Ausmaß des Identitätsverlusts in der leeren Innerlichkeit durch die Adaption abgeschwächt. Die eigene Geruchlosigkeit des Duftgenies ist dem Rezipienten hier nicht von Anfang an in der Deutlichkeit bekannt wie in der Vorlage, sondern kommt erst in deren Entdeckung durch Grenouille selbst in der Höhlenepisode ans Licht. Er war bis dahin jedoch schon kontinuierlich in seiner Gegebenheit als Person präsent und wird vom Zuschauer bereits als solche akzeptiert, so dass die fehlende Selbstkenntnis von einem prinzipiellen Problem des Geruchsgenies eher zu einem persönlichen Problem Grenouilles umgedeutet wird. Er glaubt nur, für alle ein Niemand zu sein, denn für die Zuschauer ist er bereits eine identifizierbare Person und damit ein Jemand. Diese Beobachtung wird durch eine grundlegende Absicht der Filmemacher gestützt, von der Tykwer berichtet: „Grenouille muss ein Mensch sein, ein Jemand, der sich wie ein Niemand fühlt."[453] Grenouille ist nicht mehr das problematische Genie, das in seinem olfaktorischen Dasein ganz in die Welt der Innerlichkeit eintaucht, dort aber de facto ein Nichts findet, sondern ein begnadetes Individuum, dessen leeres Zentrum mehr ein subjektiv wahrgenommenes denn ein tatsächliches Problem darstellt.

Neben diesen Abmilderungen und Uminterpretationen, die die Adaption hinsichtlich Autismus, Narzissmus und Identitätsverlust des Geruchsgenies vornimmt, schafft sie außerdem – anders als der Roman, der sich nicht die geringste Mühe macht, dem Leser seinen Protagonisten angenehm zu machen – mit filmischen Mitteln Identifikationsangebote, die die Verschlossenheit des Duft-Autisten durchbrechen. Schon die vielen Nah- und Großaufnahmen Grenouilles stellen eine gewisse Nähe

---

452 Tykwer, T.: Das Parfum. 0:59:03-1:00:35.

453 Tom Tykwer. In: Trüby, Larissa: Making of. In: Das Parfum. Die Geschichte eines Mörders. Die Extras. Constantin Film 2006. 0:00:19-0:00:30.

her[454] und auch das direkte Eintauchen in seine Nase zu Beginn vermittelt einen unbedingten Kontakt zum Genie – mit welchem Erfolg, sei dahingestellt. Allerdings sind dies nicht die einzigen Gestaltungselemente, die eine Einfühlung ermöglichen sollen. Die weiter oben beschriebenen Kamerahandlungen (s. 4.3.2), die die olfaktorische Wahrnehmung Grenouilles an zentralen Stellen optisch nachvollziehen, kann man als subjektive Kamera bezeichnen.[455] Die Abweichungen von der gewohnten Form des Kamerablicks und der Montage wie die schnellen Schnitte, die Unschärfe, die gleitende Bewegung, die extreme Nähe zu den Objekten etc. machen die subjektive Sichtweise deutlich,[456] die den Zuschauer die Perspektive Grenouilles übernehmen lässt. Freilich nur im übertragenen Sinne, da es ja nicht um die optische Wahrnehmung geht, aber eben doch auf die erläuterte qualitativ analoge Weise. Kameramann Frank Griebe bestätigt im Interview das Bestreben, immer wieder unmittelbar aus der Perspektive Grenouilles zu erzählen.[457] Die andersartige Expressivität der subjektiven Kamera betont zwar einerseits das Besondere, Subjektivistische an Grenouilles olfaktorischer Welterfahrung,[458] doch indem dadurch dem Zuschauer gleichzeitig der analog-authentische Sinneseindruck geboten wird, ist sie nach außen offen und lädt zur Identifikation ein. In der wertenden Sprache der Kritik stellt sich dieser Sachverhalt dann folgendermaßen dar: „Wo das Buch Abstand zu seinem Helden wahrt, macht sich der Film nicht zuletzt in der Aufdringlichkeit seines subjektiven Kamera-Auges und dem Verzicht auf jeglichen ironischen Blickwinkel distanzlos gemein mit ihm."[459]

Das Umkippen des Innerlichkeitspathos in destruktiven Subjektivismus im autistischen und narzisstischen Geruchsgenie des Romans wird in der Verfilmung, obwohl sie die spezifisch innerlichen Konnotationen des Geruchssinns hervorhebt, folglich nicht nachvollzogen, sondern durch eine Überhöhung des Höhlendaseins sowie die Akzentverschiebung im Hinblick auf den Identitätsverlust weitestgehend zurückgenommen. Eine zusätzliche Subjektivierung durch die Kamerahandlung soll darüber hinaus Identifikation und Einfühlung ermöglichen, wodurch eine eventuell autistische Tendenz des Geruchsgenies durchbrochen und die geniale Innerlichkeit rehabilitiert wird.

---

454 Vgl. Faulstich, Werner: Grundkurs Filmanalyse. 2. Aufl. Paderborn: Fink 2008 (= UTB 2341). S. 134.

455 Vgl. ebd. S. 123.

456 Vgl. Hickethier, K.: Film- und Fernsehanalyse. S. 131.

457 Vgl. Frank Griebe. In: Trüby, L.: Making of. 0:09:49-0:09:56.

458 Vgl. Poppe, S.: Visualität in Literatur und Film. S. 101.

459 Polanz, A.: Der humanisierte Bösewicht. (01.11.2006).

4.4.3 Psychologisierung der Kunstfigur

Die animalischen und autistischen Züge, die das Genie im Roman durch seine Verbindung mit dem Geruchssinn erhält, werden in der Adaption abgeschwächt oder umgedeutet. Was aber wird in der Verfilmung aus Grenouille als Kunstfigur, die verschiedenste, zum Teil sogar widersprüchliche und nicht vermittelbare Stereotype des Geniegedankens in sich vereint, damit sie sämtlich durch die Engführung mit dem olfaktorischen Sinn ad absurdum geführt werden können? Bei Süskind ist das Geruchsgenie vor allem ein Gedankenspiel, das die Ambivalenz und Gefährlichkeit des Geniekonzepts vor Augen führen soll. Grenouille zeichnet sich weder durch eine besondere Psychologie noch durch eine bemerkenswerte innere Entwicklung aus, da er schließlich kein stimmiger Charakter, bzw. gar kein Charakter ist (s. 3.3-3.5).

Der Film, in dem Grenouille ständig in seinem ganzheitlichen Personsein präsent ist, muss hier anders verfahren, vor allem wenn es in seiner Absicht liegt, den Zuschauer wie oben beschrieben zur Identifikation mit dem Protagonisten zu motivieren, was denn auch die Kritik betont: „Der saloppe Dekonstruktivismus des Buches – das sich nicht sehr bemüht, seinen Helden zu profilieren – musste für die Leinwand konstruktiv gemacht werden, der scheußliche Grenouille musste ein Gesicht bekommen, eine Persona, eine Psychologie."[460] Und dies geschieht in erster Linie dadurch, dass als zentrales Movens all seines Tuns der allgemeinverständliche Wunsch nach Anerkennung und Liebe zugrundegelegt wird. Die Liebe der Menschen, die für den Roman-Grenouille betontermaßen keinen Wert an sich hatte, sondern nur im Rahmen primär machtgieriger, sadistischer Motive eine Rolle spielte (s. 3.3.3), wird in Tykwers Filmversion zur großen Sehnsucht des Duftgenies, die es mit der ihm eigenen Gabe zu verwirklichen sucht:

> Wenn man das verabscheuungswürdige Scheusal als einen Einsamen sieht, der durch Perfektionierung seines einzigen Talents Anerkennung bei anderen sucht, gewinnt eine Gestalt Kontur, die von einem Filmhelden nicht mehr ganz so weit entfernt ist wie Grenouille das am Anfang zu sein schien.[461]

Die Geltungssucht des filmischen Grenouille wurzelt in dem menschlich zutiefst verständlichen Bestreben, in der Liebe der anderen eine Bestätigung seiner selbst zu erfahren. Er gerät freilich auf seiner Suche nach Zuneigung und Anerkennung auf den falschen Weg, indem er zum

---

460   Göttler, Fritz: Duftbilder in Fehlfarben. In: Süddeutsche Zeitung (13.09.2006).
461   Lueken, V.: ›Das Parfum‹ - vom Buch zum Film. S. 16.

Mörder wird. Doch das Geruchsgenie ist hier nicht das kaltblütige, amoralische Monster, das ohne jede Wertschätzung des Lebens wie nebenbei mordet, um seine Machtphantasien zu verwirklichen, sondern ein Mensch, der nur durch Unfälle und falsche Schlüsse zum Verbrecher wird.

Die zentrale Weichenstellung in dieser Hinsicht stellt die Tötung des Mirabellenmädchens dar, die anders als im Roman nicht einfach so und ohne jede Begründung passiert, sondern ungewollt und durch eine unglückliche Verkettung der Umstände geschieht:[462] Das Mädchen, das plötzlich den unmittelbar hinter ihm stehenden und an ihm schnüffelnden Grenouille entdeckt, schrickt zurück und fängt, während er es noch erwartungsvoll ansieht, an zu schreien. Grenouille hält ihm reflexhaft den Mund zu und just in diesem Moment werden Geräusche von einer nahen Treppe hörbar. Um eine Entdeckung zu vermeiden, zieht er das Mädchen, seine Hand weiter auf dessen Mund gedrückt, nach hinten in den Schatten. Durch die nun folgenden Einstellungen, die zwischen dem Paar, das die Treppe herunterkommt, sich küsst und den Hof schließlich verlässt, und Grenouille, der das zappelnde Mädchen umklammert hält, abwechseln, wird eine kontrapunktische Verbindung zwischen diesen beiden Geschehnissen hergestellt, die die Gewaltszene auf ein ursprüngliches, aber nicht umsetzbares Liebesverlangen Grenouilles hin interpretiert. Als das Paar verschwunden ist, lässt dieser das Mädchen los und wendet sich ihm, das soeben Beobachtete noch präsent, erleichtert zu, muss jedoch überrascht und erschrocken feststellen, dass es sich nicht mehr bewegt. Grenouille hat das Mädchen erstickt, ohne es zu wollen, und reagiert nun fassungslos auf das Geschehene: An die Stelle der ersehnten, durch das Paar verkörperten Liebeserfahrung ist der Tod getreten. Er legt die Leiche auf den Boden, blickt unverwandt auf sie herab, weicht zurück und wendet sein Gesicht ab – mit einem nicht eindeutig zu interpretierenden Ausdruck, der gequält wirkt und in dem man durchaus Bedauern und Trauer lesen kann (vgl. Abb. 11). Erst dann entschließt er sich, den herrlichen Duft des toten Mädchens intensiver zu erkunden und öffnet dessen Kleider. Die Liebesthematik bleibt

Abb. 11: Nach der Tat

jedoch auch jetzt noch präsent, wenn der Akt des Abriechens in der konventionellen Bildsprache einer Liebesszene gezeigt wird (vgl. Abb.

---

462   Vgl. Tykwer, T.: Das Parfum. 0:22:18-0:23:39.

12). Während der Grenouille des Romans nur auf den Duft des Mädchens aus ist, es kaltblütig umbringt und den Mord unmittelbar darauf gleich wieder vergisst, trennt der der Verfilmung nicht in gleicher Weise zwischen dem Duft und dem Menschen. Er will sich dem Mädchen nähern, kann jedoch seine Liebesbedürftigkeit nicht artikulieren und wird durch unglückliche Umstände ungewollt zum Mörder. Das Geschehene vergisst Grenouille sein Leben lang nicht mehr: Die Umkehrung der vertanen Chance auf eine erfüllte Liebe wird zu seinem eigentlichen Antrieb und das in Erinnerungen, Träumen und Visionen immer wieder auftauchende Mirabellenmädchen zum Leitmotiv der Geschichte. So liegt es in der Ab-

Abb. 12: Abriechen als Liebesakt

sicht der Filmemacher: „Konzentriert auf einen Augenblick überschattet sie [das Mirabellenmädchen] den ganzen Film. Also sie wird das Trauma der Figur, das ihn leitet, an dem er zerbricht, das er versucht zu überwinden, um am Ende trotzdem zu scheitern."[463]

Die Tötung des Mirabellenmädchens zu einem Unfall umzudeuten, ist vielleicht der wichtigste Schritt des Drehbuchs, um aus der blutleeren Kunstfigur des Geruchsgenies einen authentischen Menschen mit einer Psychologie, mit nachvollziehbaren Wünschen und Fehlern zu machen. Bei den anderen Morden – immerhin um die Hälfte weniger als im Buch – ist ein derartiges Vorgehen jedoch nicht mehr ohne Weiteres möglich. Grenouille tötet die Mädchen auch hier aus vollem Vorsatz und gebraucht sie als Grundstoffe für sein ultimatives Parfum. Die entscheidende Verschiebung im Vergleich zur Vorlage liegt hier in der zugrunde liegenden Motivation, die nach wie vor nicht in bösartiger Machtgier, sondern im menschlichen Streben besteht, von den Mitmenschen als ein Jemand anerkannt, geliebt und bewundert zu werden (s. 4.4.2). Die Morde werden dadurch zu falschen Mitteln bei dem allerdings sehr verständlichen Versuch, den Respekt und die Liebe der Menschen für sich zu gewinnen. Die Ästhetisierung in der visuellen Inszenierung der Mordopfer verharmlost dabei die Taten und untermauert Tykwers Rede von „beinahe zärtlichen Morde[n]".[464] Zwar bezieht er sich mit dieser Aussage eigentlich auf die Romanvorlage, was jedoch nur durch eine mangelnde Trennung zwischen Roman- und Filmversion zu erklären ist,

463   Tom Tykwer. In: Trüby, L.: Making of. 0:21:16-0:21:25.
464   Tom Tykwer. In: Das Parfum. Das Buch zum Film. S. 19.

welche in der Drapierung der Mädchen in der Tat ein gewisses Zartge-
fühl vermittelt.

Eine weitere wichtige inhaltliche Abänderung im Dienste einer Psychologisierung der Kunstfigur fällt im Rahmen des Mordes an Laura auf, die
den zentralen Bestandteil des Liebesparfums liefern soll. Während Grenouille im Roman mit handwerklich-nüchterner Kaltblütigkeit und ohne
Umschweife vorgeht (s. 3.3.3), kommt es im Film zu einem kurzen retar-
dierenden Moment, als Laura sich im Schlaf umdreht und dem mit
schon aufgezogener Holzkeule dastehenden Grenouille ihr Gesicht zuwendet.[465] Er lässt sein Mordinstrument wieder sinken, weil er, so heißt
es im Drehbuch, von ihrer Schönheit überwältigt ist.[466] Einmal mehr
reduziert das Geruchsgenie das Mädchen nicht nur auf seinen Duft,
sondern nimmt es in seiner Gesamterscheinung wahr. Diese Fähigkeit,
die ihn von seinem literarischen Alter ego unterscheidet, lässt ihn an
dieser Stelle zögern und eröffnet die Möglichkeit der Alternative. Laura
erwacht schließlich sogar, die beiden sehen sich eindringlich in die Augen und der Ausweg scheint zum Greifen nah. Und doch muss auch in
der Adaption Laura am nächsten Morgen tot aufgefunden werden, wenn
der Film nicht hier mit einem Happy End schließen soll. Die Begründung
stellt eine Leerstelle dar: Ist Grenouille in seinem Streben nach Liebe
einfach zu sehr in dem falschen Weg gefangen, den er nun einmal einge-
schlagen hat? Fest steht jedoch, dass er kein kaltblütiges, rein auf Düfte
fixiertes Monster ohne Respekt für das Leben ist, sondern ein Genie, das
mit den falschen Mitteln Anerkennung und Liebe sucht, dabei aber nicht
nur eine Nase, sondern auch ein Gefühl für die Schönheit und das
menschliche Leben als Ganzes bewahrt. Diese Verwandlung vom emoti-
onslos mordenden Duftgenie zum Identifikation ermöglichenden Män-
gelwesen mit einer menschlichen Psychologie beschreibt Drehbuchschreiber Andrew Birkin als die zentrale Herausforderung bei der Verfilmung von „Das Parfum":

> The hardest part for all of us is: you are trying to make the film
> about a psychopathic murderer. And this is the main character. This
> is not the man you love to hate as in „Hannibal", where Starling is
> the main character. To the best of my knowledge noone has ever
> successfully managed to make a major movie, where a murderer,
> who really for no other reason other than greed and his own glorifi-
> cation and satisfaction kills [...] as many girls as he needs to make a
> perfume that would give him power. [...] This is a wholy reprehen-

---

[465]   Vgl. Tykwer, T.: Das Parfum. 1:46:42-1:47:07.

[466]   Vgl. Birkin, A./Eichinger, B./Tykwer, T.: Das Drehbuch. S. 130.

sible character. [...] To make that character sympathetic to the audience is a major challenge.[467]

Die Lösung der Adaption besteht in der beschriebenen Einführung des menschlichen Moments der Liebesbedürftigkeit, des Getriebenseins und damit der Unschuld[468] an der Figur des mordenden Duftgenies. Sein Handeln beruht nicht auf Bösartigkeit oder Machtwahn, sondern einer menschlichen Urangst, wie denn auch der Schauspieler Ben Whishaw, alias Jean-Baptiste Grenouille, verinnerlicht zu haben scheint:

> Grenouilles Leidenschaft und Motivation, dieses schillernde Parfum herzustellen, beruht auf zwei Grundvoraussetzungen: einerseits auf dem unbewußten Verlangen, geliebt zu werden, und andererseits auf der Angst, für seine Mitmenschen unsichtbar zu sein. Tom hat öfters über diese menschliche Grundangst gesprochen, plötzlich mutterseelenallein auf der Welt zu stehen. Und genau diese Angst treibt Grenouille.[469]

Der zentrale psychologische Konflikt der Hauptfigur kulminiert am Ende in der Erkenntnis, den falschen Weg gegangen und deshalb bei der Suche nach Liebe endgültig gescheitert zu sein. Die entsprechende Schlüsselszene stellt die Ernüchterung Grenouilles und die Einsicht in seine eigene, nicht zu durchbrechende Einsamkeit während der Orgie dar, die schließlich in die ebenfalls in die Katastrophe führende Vision eines Liebesaktes mit dem Mirabellenmädchen mündet.[470] Am Anfang steht das Umkippen des Badens in der Begeisterung und Hysterie der Menge in die Einsamkeit dessen, der erkennen muss, dass diese Bewunderung nicht ihm selbst, sondern nur seinem parfumistischen Machwerk gilt: Als Grenouille das mit dem Liebesduft getränkte Taschentuch loslässt, orientiert sich Euphorie schlagartig um und das Genie steht plötzlich nicht mehr im Zentrum, sondern jenseits des Massenspektakels. Bestürzt muss Grenouille zur Kenntnis nehmen, dass der Liebesrausch der Menge nichts mit seiner Person zu tun hat und er als Urheber nicht einmal daran teilhaben kann. Visuell wird der Gegensatz zwischen der in der Orgie vereinten Menge und dem einsam abseits stehenden Grenouille in sich eindrücklich mit Total- oder Halbtotalaufnahmen des Gewühls der ineinander verschlungenen Menschenleiber abwechselnden

---

[467] Andrew Birkin. In: Trüby, Larissa: Interviews. Andrew Birkin (Drehbuchautor). In: Das Parfum. Die Geschichte eines Mörders. Die Extras. Constantin Film 2006. 0:02:19-0:03:42.

[468] Vgl. Tom Tykwer. In: Das Parfum. Das Buch zum Film. S. 21.

[469] Ben Wishaw. In: Das Parfum. Das Buch zum Film. S. 155f.

[470] Vgl. Tykwer, T.: Das Parfum. 1:59:58-2:04:30.

Nah- bis Großaufnahmen des in seiner Sehnsucht enttäuschten Grenouille umgesetzt (vgl. Abb. 13-14). In diese Einsamkeit mitten in der Ge-
meinschaft der anderen tritt schließ-
lich die Vision Grenouilles von
einem Liebesakt mit dem Mirabellenmädchen, der den Liebesrausch
der Masse parallelisiert und dabei
zusammenfasst, was Grenouille
immer erreichen wollte, aber nie
konnte. Der Beinahe-Kuss mit der
Leiche des Mädchens wird in der
Vision zu einem echten, gegenseiti-
gen Kuss, der als Sinnbild für den
erfüllten Wunsch nach Liebe fun-
giert. Am Ende jedoch holt die
Realität Grenouille ein, das Bild des
totenstarren Mädchengesichts beendet die Vision und entlarvt sie als
bloße Träumerei.

Abb. 13: Massenorgie in der Totale

Abb. 14: Grenouille in der Großaufnahme

Wer nach all dem noch nicht von
den Gefühlen des Geruchsgenies
überzeugt und eingenommen ist,
dem sollen die Tränen, die Grenouille nun angesichts der unwiderruflich
zerstörten Chance und der Einsicht in den Irrtum seines Handelns ver-
gießt, den letzten Zweifel nehmen und einen Zugang zu ihm ermöglichen.[471] Hier steht keine Kunstfigur, montiert aus Klischees und ohne
eigene Persönlichkeit, sondern ein authentisch fühlender Mensch mit
verständlichen Sehnsüchten und einer klaren Psychologie. Ihren Abschluss findet die psychologisierende Umdeutung der Geniegeschichte
in eine Liebesgeschichte in einer kleinen, aber wesentlichen Abänderung
des Erzähltextes, der Grenouilles Resignation begründet:

> Er besaß eine Macht, die stärker war als die Macht des Geldes, des
> Terrors oder des Todes: die unüberwindliche Macht, den Menschen
> Liebe einzuflößen. *Nur eines konnte das Parfum nicht: Es konnte ihn
> nicht in einen Menschen verwandeln, der wie jeder andere lieben und ge-
> liebt werden konnte.* Also zur Hölle damit, dachte er: mit der Welt, mit
> dem Parfum, mit sich selbst! [Hervorhebung durch Verfasserin][472]

---

[471] Vgl. Bernd Eichinger. In: Trüby, L.: Making of. 0:50:38-0:51:00.
[472] Tykwer, T.: Das Parfum. 2:07:49-2:08:19.

Zum Vergleich hierzu der Romantext:

> Er besaß die Macht dazu. Er hielt sie in der Hand. Eine Macht, die stärker war als die Macht des Geldes oder die Macht des Terrors oder die Macht des Todes: die unüberwindliche Macht, den Menschen Liebe einzuflößen. *Nur eines konnte diese Macht nicht: sie konnte ihn nicht vor sich selber riechen machen. Und mochte er auch vor der Welt durch sein Parfum erscheinen als ein Gott – wenn er sich selbst nicht riechen konnte und deshalb niemals wüsste, wer er sei*, so pfiff er drauf, auf die Welt, auf sich selbst, auf sein Parfum. [Hervorhebung durch Verfasserin][473]

Grenouille scheitert hier nicht, weil er sich in seiner hohlen Identität nicht selbst erkennen kann, sondern weil ihm die Erfahrung gegenseitiger Liebe versagt bleibt. Angesichts dieser an manchen Stellen vielleicht wenig subtil anmutenden Psychologisierung des Protagonisten melden sich auch kritische Rezensentenstimmen:

> Und dann tut der Film etwas, was ein Verrat an seinem Helden ist […]: Grenouille vergießt ein paar Tränen, als er auf dem Höhepunkt seiner Macht die Bilder seines ersten Opfers, des „Mirabellenmädchens", vor sich sieht, und diese Regung bringt eine klebrige Sentimentalität ins Spiel […].[474]

Sentimentalität hin oder her, die Verfilmung liefert im Nachhinein die Grundlage für die erwähnten Interpretationen, die bereits im Roman eine primäre Sehnsucht des Einsamen nach Liebe und deren Scheitern zu lesen dachten (s. 3.3.3). Die psychologisierende Adaption ist eine zentrale Strategie des Films, „aus der kalten Faszination des Buchs große Gefühle für das Kino"[475] und damit Grenouille zu einer anschlussfähigen Identifikationsfigur zu machen. Aus dem Gedankenspiel des Romans, das als Anschauungsbeispiel für die Gefahren der Genie-Ideologie diente, wird in der Verfilmung ein Mensch aus Fleisch und Blut und vor allem ein Einsamer mit dem nachvollziehbaren Wunsch nach Liebe: „Vom Duft zum Gefühl – darin liegt die Übersetzungsleistung, ganz im Sinn Bazins, das Risiko und die größte Freiheit, die sich die Filmemacher mit dem Roman genommen haben. Im Kino wird aus der Geschichte eines Mörders die Tragödie der einsamen Kreatur."[476]

---

473 Süskind, P.: Das Parfum. S. 316.
474 Körte, Peter: Immun gegen das Böse: „Das Parfum". In: Frankfurter Allgemeine Zeitung (13.09.2006).
475 Polanz, A.: Der humanisierte Bösewicht. (01.11.2006).
476 Lueken, V.: ›Das Parfum‹ - vom Buch zum Film. S. 18.

4.4.4 Sakralisierung des Mördergenies

Der Kern des Süskindschen Gedankenspiels vom Genie besteht in der Vorführung des Umkippens vom aufklärerisch-emanzipatorischen Autonomiestreben zum inhumanen Allmachtwahn auf der einen und kultischen Verehrungsgebaren auf der anderen Seite (s. 3.3.3). Diese zentrale Dialektik des Geniegedankens zeigt die Problematik des sich selbst absolut setzenden Individuums sowie die Gefährlichkeit des menschlichen Hangs zu Kult und Mythos und mündet schließlich in die postmoderne Demontage des Totalität und Totalitarismus in sich vereinenden Geniekonzepts.

Bisher wurde erläutert, inwiefern die filmische Adaption mit Animalität und Autismus die negativen Konsequenzen der am olfaktorischen Genie veranschaulichten dialektischen Prozesse zu einem wesentlichen Teil zurücknimmt und stattdessen durch die Psychologisierung des Protagonisten eine Identifikationsbasis zu schaffen versucht. Indem die destruktiven Seiten der ursprünglichen Genie-Attribute zurückgedrängt werden, werden diese zu einem gewissen Grad rehabilitiert. Es liegt nun auf der Hand, dass diese Strategie des Films nicht zu einer allgemeinen Destruktion des Genies an sich führen kann und damit eine gänzlich andere Intention verfolgt als die literarische Vorlage. Das grundlegend verschiedene Konzept der Verfilmung tritt bereits in einer wieder minimalen, aber weitreichenden Abänderung des allerersten Erzählersatzes zu Tage, wenn es heißt:

> Im 18. Jahrhundert lebte in Frankreich ein Mann, der zu den genialsten *und zugleich berüchtigtsten* Gestalten jener Epoche gehörte. Er hieß Jean-Baptiste Grenouille und wenn sein Name heute in Vergessenheit geraten ist, so nur aus dem einen Grund, weil sich sein Genie und sein einziger Ehrgeiz auf ein Gebiet beschränkte, welches in der Geschichte keine Spuren hinterlässt: das flüchtige Reich der Gerüche. [Hervorhebung durch Verfasserin][477]

Zum direkten Vergleich hierzu nochmals der Romananfang:

> Im achtzehnten Jahrhundert lebte in Frankreich ein Mann, der zu den genialsten *und abscheulichsten* Gestalten dieser an genialen und abscheulichen Gestalten nicht armen Epoche gehörte. Seine Geschichte soll hier erzählt werden. Er hieß Jean-Bapiste Grenouille, und wenn sein Name im Gegensatz zu den Namen anderer genialer Scheusale, wie etwa de Sades, Saint-Justs, Fouchés, Bonapartes usw., heute in Vergessenheit geraten ist, so sicher nicht deshalb, weil Gre-

---

477   Tykwer, T.: Das Parfum. 0:03:22 – 0:03:51.

nouille diesen berühmteren Finstermännern an Selbstüberhebung, Menschenverachtung, Immoralität, kurz an Gottlosigkeit nachgestanden hätte, sondern weil sich sein Genie und sein einziger Ehrgeiz auf ein Gebiet beschränkte, welches in der Geschichte keine Spuren hinterlässt: auf das flüchtige Reich der Gerüche. [Hervorhebung durch Verfasserin][478]

Das Genie des Films ist nicht abscheulich, sondern allenfalls berüchtigt, und von Selbstüberhebung und Menschenverachtung ist keine Rede mehr, womit die Tendenz, die sich aus der Verbindung von Genie und Geruchssinn ergebenden zerstörerischen Aspekte abzumildern, bzw. ganz auszusparen, bezeichnet ist. Doch mehr noch: Zu dieser Zurückhaltung hinsichtlich der Demontage des Geniekonzepts tritt darüber hinaus dessen positive Bestätigung, die mit genuin filmischen Mitteln suggeriert wird. Bereits die langsame, eine halbe Minute umfassende Fokussierung Grenouilles im Vorspann inszeniert ihn als eine zweifellos herausgehobene Persönlichkeit.[479] Nach diversen Hinweisen des Off-Erzählers auf die Einzigartigkeit seiner olfaktorischen Begabung wird seine geniale Überlegenheit schließlich bei der ersten richtigen Gelegenheit, nämlich der Wunderkind-Vorstellung bei Baldini, auch mit filmischen Mitteln bekräftigt.[480] So verändert sich, während Grenouille in Kürze das vollbringt, was dem alten Meister in stundenlanger Arbeit nicht gelungen ist, schrittweise die Kameraperspektive auf die beiden Akteure, womit eine Verschiebung der dominanten Rolle von Baldini auf das junge Genie vollzogen wird (vgl. Abb. 15-20). Zunächst wird Grenouille aus der erhöhten Position Baldinis und damit aus der Aufsicht gezeigt, wohingegen letzterer entsprechend aus der Untersicht zu sehen ist: Der Parfumeurmeister Baldini steht hierarchisch über dem einfachen Gerbergesellen, der sich anmaßt, die Bestandteile von „Amor und Psyche" zu kennen. Im Laufe der Unterhaltung verschiebt sich die Perspektive und beide Figuren werden nun mehr oder minder aus Normalsicht aufgenommen, bis die Betrachtungsweise nach der Vorführung der genialischen Begabung schließlich gänzlich umkippt und nun Baldini von oben, das Duftgenie von unten gezeigt wird: Das Genie hat über den Reglästheten triumphiert und seine Überlegenheit manifestiert sich in der visuellen Inszenierung durch die Kameraperspektive. Im akustischen Bereich unterstreicht passend dazu opulente Orchestermusik das Wundersame und Faszinierende des genialen Schaffens. Nicht unbedingt treffend erscheint vor diesem Hintergrund Luekens Kommentar: „Wie Grenouille

---

478 Süskind, P.: Das Parfum. S. 5.

479 Vgl. Tykwer, T.: Das Parfum. 0:03:20-0:03:51.

480 Vgl. ebd. 0:33:35-0:42:08.

das macht, das ist purer Slapstick, im Buch schon und im Film erst recht, und hat nichts von der feierlichen Genieherrlichkeit, die uns das Kino zu diesem Thema meistens serviert."[481] Die Filmszene entbehrt zwar in der Tat nicht jeglicher Komik, welche vor allem durch die Darstellung Baldinis durch Dustin Hoffmann ins Spiel kommt, doch im Vordergrund scheint vielmehr eben jene verleugnete, mittels Kameraperspektive und musikalischer Untermalung aber deutlich inszenierte Genieherrlichkeit zu stehen. Auch der Roman greift in der Konfrontation des autonom schöpferischen Genies mit dem alten Regelkünstler zunächst herkömmliche Aspekte des Geniekonzepts auf, doch nur, um später deutlich damit zu brechen (s. 3.3.3). Im Film dagegen findet das Kippphänomen vom Autonomiestreben in Machtwahn aufgrund der vorgenommenen

Abb. 15: Grenouille aus der Aufsicht

Abb. 16: Baldini aus der Untersicht

Abb. 17: Grenouille aus der Normalsicht

Abb. 18: Baldini aus der Normalsicht

Abb. 19: Grenouille aus der Untersicht

Abb. 20: Baldini aus der Aufsicht

---

[481] Lueken, V.: ›Das Parfum‹ - vom Buch zum Film. S. 17.

Änderungen nicht statt (s. 4.4.3), so dass mit den beschriebenen filmischen Mitteln eine Beglaubigung des Genies stattfindet, die nicht mehr
unterminiert werden soll.

Die Verharmlosung und Ästhetisierung der Morde wurde im Kontext
der Einfühlung ermöglichenden Psychologisierung bereits erwähnt (s.
4.4.3). Zugleich führt die durchaus ansprechende Inszenierung der Morde und Duftgewinnungsaktivitäten zu einer Überhöhung des genialen
Schaffensprozesses, der insbesondere durch die von Chorgesang geprägte musikalische Gestaltung sogar einen sakralen Charakter erhält. Die
Morde an den Zwillingen zum Beispiel, mit denen Grenouille die Arbeit
an seinem Liebesparfum beginnt, werden durch die warme Optik und
die weihevoll wirkende Musik zu feierlichen Akten des genialischen
Schaffens stilisiert.[482] Eine eventuell kontrapunktische Verwendung der
Musik im Gegensatz zum dargestellten Geschehen wird dabei durch die
fehlende Drastik der visuellen Ge-
staltung ausgeschlossen. Und auch
die Inszenierung der im weiteren
Verlauf aufgefundenen Mädchen-
leichen folgt ganz dem ästhetisie-
renden Prinzip (vgl. Abb. 21), oder
wie ein Rezensent es formuliert hat:
„Die toten Mädchen mit den ge-
schorenen Köpfen liegen da wie bei
einem der berüchtigten Benetton-

Abb. 21: Mordopfer

Shootings von Oliviero Toscani […]."[483] Die Vorbereitungen für den
Mord an Laura schließlich, die den Schlussstein für das geniale Werk
liefern soll, werden von einer Musik begleitet, die neben Spannung auch
eine gewisse andächtige Stimmung vermittelt.[484] Die Mädchen sind hier
nicht in erster Linie Opfer eines kaltblütigen Mörders, sondern Teil des
faszinierenden, ästhetischen Projekts des Duftgenies. Dass dieses dabei
einem Irrtum erliegt und, den falschen Weg wählend, am Ende scheitern
muss, ändert offensichtlich nichts an der grundlegenden Besonderheit
und dem Mysterium der genialen Gabe.

Die Überhöhungs- und Sakralisierungstendenzen des Films finden ihren
deutlichsten Ausdruck in einer bedeutsamen Parallelmontage zwischen
dem vor der versammelten Gemeinde einen Bannfluch über den Serienmörder aussprechenden Bischof von Grasse und Grenouille, der zeitgleich beginnt, die aus den ermordeten Jungfrauen gewonnenen Essen-

482   Vgl. Tykwer, T.: Das Parfum. 1:23:24-1:24:56.
483   Körte, P.: Immun gegen das Böse: „Das Parfum". (13.09.2006).
484   Vgl. Tykwer, T.: Das Parfum. 1:43:33-1:46:24.

zen zu seinem ultimativen Parfum zusammenzumischen.[485] Die Orgelmusik in der Kirche sowie die theatralische Predigt des Bischofs, die in ihrem finsteren Pathos in erster Linie lächerlich wirkt, bilden die Klammer zwischen den beiden Szenen, indem beides auch in den Einstellungen, die Grenouille zeigen, aus dem Off zu hören ist:

> Bürger von Grasse. Die heilige römische Kirche verhängt gegen diesen Mörder, diesen Teufel in unsrer Mitte, die Strafe die ihm gebührt: die Strafe der Exkommunikation. Dieses verdorbene Ungeheuer beraubt uns nicht nur unsrer Töchter – junge, unschuldige Gewächse dieser Stadt – nein, mit seinen wollüstigen Taten bringt er unseren Handel, unseren Lebensunterhalt, ja, unsere ganze Existenz an den Rande ewiger Finsternis. Wir erklären deshalb feierlich, dass diese schändliche Schlange, dieses abscheuliche Geschwür, diese Inkarnation des Bösen in unsrer Mitte fürderhin mit Bann und Fluch belegt ist, ausgeschlossen von der Kommunion der heiligen Mutter Kirche. Denn er ist ein Jünger Satans, ein Schlächter alles Lebendigen, ein infektiöses Glied, ein Ungläubiger, ein Geisterbeschwörer, ein Hexer, ein Teufelsanbeter und ein verfluchter Ketzer. Oh Gott in deiner gnädigen Güte, lass Blitz und Donner auf sein Haupt niederfahren, auf dass der Teufel aus seinen Knochen Suppe koche! Amen![486]

Wenn die Beschimpfungen des Bischofs mit Nah- und Großaufnahmen Grenouilles koinzidieren und die Erwähnung der unschuldig getöteten Mädchen parallel zum Bild der mit ihren Essenzen gefüllten Flakons erfolgt, führt dies jedoch nicht etwa zu einer illustrativen Bestätigung der klerikalen Verfluchung. Vielmehr entlarvt die Entgegensetzung des echauffiert predigenden Bischofs und des konzentriert und bedächtig arbeitenden Grenouille jegliche Verteufelungen als tragikomische Versuche, des Unbegreiflichen Herr zu werden. Die Ernsthaftigkeit in Grenouilles Tun im Gegensatz zum Geifer des Bischofs, seine gefalteten Hände angesichts der fertigen Komposition (vgl. Abb. 22) und die

Abb. 22: Sakralisierung

in der letzten Einstellung der Parallelmontage, die den von seiner eigenen Schöpfung überwältigten Grenouille zeigt, zu ihrem krönenden Abschluss anschwellende Orgelmusik machen deutlich, an welcher

---

485 Vgl. Tykwer, T.: Das Parfum. 1:29:34-1:32:06.
486 Ebd. 1:29:44-1:31:12.

Stätte hier das wahrhaft Erhabene stattfindet. Während das Ansehen der klerikalen Institution untergraben wird, wird im selben Zug das mörderische Handeln des Genies überhöht und sakralisiert.

Die Destruktion des Genies durch die Verbindung mit dem Geruchssinn, die das zentrale Thema des Romans darstellte, wird in der Verfilmung folglich nicht vollzogen, bzw. sogar umgekehrt: „Während Süskind die Lust beim Leser dadurch weckt, dass er seinen Helden 'vom Himmel holt', dessen unterhaltsam gnadenlose 'Entlarvung' betreibt, gehen Eichinger und Tykwer den umgekehrten Weg der Veredlung [...]."[487] Denn obwohl sich durchaus einige in die kritische Richtung des Romans deutende Momente finden lassen – erwähnt sei z.B. das Grinsen sowie das herrische Gebaren Grenouilles angesichts der hysterischen Menge in Grasse, deren bewusste Darstellung in Analogie zu einem Popkonzert[488] überdies einen deutlichen Gegenwartsbezug eröffnet – steht ein von der literarischen Vorlage deutlich verschiedenes Konzept im Vordergrund: Indem das Genie nicht demontiert, sondern in seinem Wesen zugleich nahegebracht und überhöht wird, wird es als Zentrum eines Kultverhaltens neu legitimiert.

4.5 Zwischenfazit: Rehabilitation des Genies

Die konkretisierende Darstellung Grenouilles, der im Roman als monströse Kunstfigur konzipiert ist, stellt für jeden populären Kinofilm zunächst eine Schwierigkeit dar, denn „kaum eine andere literarische Figur hat je weniger das Zeug zum Filmhelden gehabt als er."[489] Die Adaption reagiert auf diese Problematik, indem sie eine gänzlich andere Intention verfolgt und die „Metamorphose Grenouilles vom Scheusal zum Kinohelden"[490] vollzieht. Die negativen Aspekte des Kippphänomens „Genie" werden dadurch abgemildert, bzw. ausgespart, dass das Animal kultiviert und die innere Welt des Autisten durch Subjektivierung zugänglich gemacht wird. Ein Kritiker formulierte diesen Sachverhalt folgendermaßen: „Da ist ein seltsamer Zwiespalt, der für Eichinger typisch ist: Einer, [...] der leidenschaftlich von Obsessionen und Abgründen spricht, läßt die Obsessionen immer wieder so zahm und die Abgründe so harmlos aussehen, wie es das Publikum angeblich erwartet."[491] Am anderen Ende der Skala treten statt dessen psychologisieren-

---

487   Polanz, A.: Der humanisierte Bösewicht. (01.11.2006).

488   Vgl. Frank Griebe In: Trüby, L.: Making of. 0:48:48-0:48:55.

489   Lueken, V.: ›Das Parfum‹ - vom Buch zum Film. S. 8.

490   Ebd. S. 17.

491   Körte, P.: Immun gegen das Böse: „Das Parfum". (13.09.2006).

de Elemente, die ein identifikatorisches Mitfühlen ermöglichen sollen, sowie überhöhende Sakralisierungstendenzen hinzu. Damit sind die wesentlichen Strategien bezeichnet, die auf dem Weg vom Roman zur Verfilmung eingesetzt werden, um die Destruktion des Genies in dessen Bestätigung umzukehren.

Das übergeordnete Ziel dabei ist, statt einer künstlichen Kippfigur eine Identifikationsfigur zu schaffen. So wird auch von der überhöhenden Inszenierung des Genies nur bis zu dem Grad Gebrauch gemacht, der eine gewisse Faszination vermittelt, ohne jedoch Grenouille dem Horizont des Zuschauers vollständig zu entrücken. Tykwer selbst bestätigt in einem Interview, das hauptsächliche, und letztendlich mit großen Schwierigkeiten umgesetzte Anliegen des Drehbuchs sei es, die Distanz zu Grenouille abzubauen.[492] Neben den zentralen inhaltlichen Uminterpretationen geschieht dies zu einem wesentlichen Teil auch durch die analysierte filmische Vermittlung der Geruchswahrnehmungen Grenouilles, die dem Zuschauer ermöglichen soll, diese immerhin auf qualitativ analoge, direkt sinnliche Weise nachzuerleben. Sinnliche Authentizität und Unmittelbarkeit werden als konstitutive Elemente des Geniegedankens nicht formal konterkariert, sondern in Hinblick auf eine Einfühlung in das olfaktorische Wahrnehmungssystem fruchtbar gemacht.

Die Kategorie des Genies wird in der Verfilmung damit nicht als problematisch in Frage gestellt, sondern als Faszinosum bekräftigt:

> Der wohl markanteste Unterschied von Buch und Film ist in der Konzeption der Hauptfigur an sich auszumachen: Während Tykwer und Eichinger einen [...] in vielerlei Hinsicht klassischen Helden zeigen, entwickelt Süskind konsequent den Anti-Typ. Der Film nimmt im Gegensatz zum Roman seinen Helden ernst, lässt Süskinds postmodern ironisches Spiel mit diversen Genietopoi der Literaturgeschichte unberücksichtigt [...].[493]

Die zusätzliche Betonung des Gefühls sowie die Einladung zur Identifikation verkehren dabei die Intention des Romans – die postmoderne Verabschiedung von Totalitäten durch die Demontage des Genies – in das Gegenteil. Die Filmadaption stellt damit ein Element jenes weiteren Kippphänomens im Kontext des olfaktorischen Genies dar, das sich bereits im unerwarteten Bestsellererfolg des Romans angekündigt hatte. Die trotz aller Widerstände und Brüchigkeiten einsetzende Identifikation

---

[492] Vgl. Tom Tykwer. In: Trüby, L.: Interviews. Tom Tykwer (Regisseur). 0:00:03-0:01:10.

[493] Polanz, A.: Der humanisierte Bösewicht. (01.11.2006).

der Leser mit Grenouille wird in der Verfilmung bewusst angestrebt und legitimiert.

Dieses Vorgehen mag seine Ursache in der für die Finanzierung eines solch aufwendigen Filmprojekts notwendiger Weise zu erreichenden Popularität haben. Produzent Eichinger hat immer wieder betont, dass „Das Parfum" „definitiv kein Arthaus-Film"[494] sei, sondern statt dessen experimentelle und populäre Aspekte Hand in Hand gehen müssten.[495] Bewahrheitet sich also die alte Vermutung Bazins, dass das Kino als soziologischer Komplex und Unterhaltungsindustrie und damit die Popularisierung den bestimmenden Faktor für Literaturverfilmungen darstellt?[496] Obwohl dieser Aussage kaum generelle Gültigkeit zugesprochen werden kann, da die popularisierende Verfilmung eines literarischen Werks keineswegs zwingend ist, sondern der Film wie die Literatur eine eigenständige, alle Möglichkeiten abdeckende Kunstform darstellt,[497] ist ihre Relevanz für den hier untersuchten Fall nicht von der Hand zu weisen. Tykwers „Das Parfum" verfolgt in dem Bestreben, eine Identifikationsfigur zu schaffen, die häufige Strategie einer zugleich psychologisierenden und popularisierenden Adaption,[498] in der sich eine Rückführung der postmodernen Ganzheitskritik in die populäre Ganzheitssehnsucht vollzieht.

Dies ist dabei keineswegs abwertend zu beurteilen, denn es gilt der oben ausgeführte Grundsatz: „Die Frage, wie weit sich Film von Literatur entfernen kann, ist leicht zu beantworten: so weit er will."[499] Lediglich die an verschiedenen Stellen vorgebrachte Behauptung der Filmemacher, die wesentlichen Aussagen des Romans bei der Adaption unbedingt unangetastet lassen zu wollen,[500] darf durchaus als unangemessen kriti-

---

494 Bernd Eichinger. In: Das Parfum. Das Buch zum Film. S. 27.

495 Vgl. Bernd Eichinger. Ebd. S. 27.

496 Vgl. Bazin, A.: Für ein unreines Kino. S. 122.

497 Vgl. Goetsch, P.: Thesen zum Vergleich von literarischen Werken und ihren Verfilmungen. S. 53.

498 Vgl. Gast, Wolfgang: Film und Literatur. Analysen, Materialien, Unterrichtsvorschläge. Grundbuch. Einführung in die Begriffe und Methoden der Filmanalyse. Frankfurt a. M.: Diesterweg 1993. S. 51.

499 Jeremias, Brigitte: Wie weit kann sich Film von Literatur entfernen? In: Film und Literatur. Literarische Texte und der neue deutsche Film. Hrsg. von Sigrid Bauschinger, Susan L. Cocalis und Henry A. Lea. Bern: Francke 1984 (= Amherster Kolloquium zur deutschen Literatur 13). S. 9.

500 Vgl. Bernd Eichinger. In: Trüby, Larissa: Interviews. Bernd Eichinger (Produzent). In: Das Parfum. Die Geschichte eines Mörders. Die Extras. Constantin Film 2006. 0:01:17-0:01:52.

siert werden. Darüber hinaus spielt es jedoch eine untergeordnete Rolle, welche Intentionen die verschiedenen Teammitglieder im Einzelnen verfolgt haben mögen. Wichtig ist vielmehr, dass hinsichtlich der übergeordneten Frage nach der Bearbeitung des Geniegedankens mit der Verfilmung ein eigenständiges Werk mit einer grundlegend neuen Stoßrichtung entstanden ist. Statt das Genie als Ausdruck einer gefährlichen Authentizitäts- und Totalitätssehnsucht zu destruieren, wird es als faszinierender Mythos reanimiert. Die wechselvolle Geschichte des Geniekonzepts, die sich seit dessen Entstehung zwischen Totsagung und Auferstehung abspielt, findet damit sogar in den verschiedenen medialen Interpretationen des olfaktorischen Genies ihre Fortsetzung.

5. Exkurs: Grenouilles akustisches Pendant in „Schlafes Bruder"

5.1 Robert Schneider: „Schlafes Bruder"

Mit Robert Schneiders Roman „Schlafes Bruder" von 1992 folgte 17 Jahre nach Süskinds „Das Parfum" ein weiterer internationaler Bestseller der deutschsprachigen Gegenwartsliteratur, der ebenfalls von einem Genie der Sinnlichkeit erzählt: von dem mit einem übermenschlichen Gehör begabten Musiker Johannes Elias Alder, der Anfang des 19. Jahrhunderts in dem kleinen Bauerndorf Eschberg im Vorarlberg aufwächst, aufgrund der begrenzten Umstände nie die Gelegenheit erhält, sein Genie voll zu entfalten, und schließlich im Alter von 22 Jahren aus unerfüllter Liebe Selbstmord durch Schlafentzug begeht. Das akustische Genie wird häufig als Nachfolger des olfaktorischen Genies angesehen und Schneider selbst räumt in einem Interview ein, dass der Autor von „Schlafes Bruder" natürlich Süskind gelesen haben müsse.[501] Umgekehrt findet sich in „Das Parfum" sogar eine Stelle, die die Verbindung zwischen Grenouille und seinem zukünftigen Pendant Elias herstellt: „Aber ebenso wie ein musikalisches Kind darauf brennt, [...] einmal in der Kirche auf die Empore hinaufzusteigen, zum verbotenen Manual der Orgel, so brannte Grenouille darauf, eine Parfumerie von innen zu sehen [...]."[502]

Die auffälligste Gemeinsamkeit zwischen den beiden Romanen bildet sicher das Aufgreifen der Geniethematik unter dem Vorzeichen eines bestimmten sinnlichen Vermögens, was im akademischen Diskurs sogar zum Anlass genommen wurde, von einer „Literatur der Metaphysik der Sinnesorgane"[503] zu sprechen. Darüber hinaus teilen sie aber auch die geschlossene Organisation als Entwicklungs- und Künstlerroman, der den Lebensweg seines Helden von der Wiege bis zur Bahre erzählt, wobei sich selbst die einzelnen Stationen stark ähneln: Beide Protagonisten überleben die widrigen und lebensfeindlichen Umstände ihrer Geburt, die bereits ihre Besonderheit ausweisen, beide erfahren an einem bestimmten Punkt ihre Initiation, beide durchlaufen ein gewisses Maß an Schulung und beide begehen, nachdem sie in einer massenwirksamen Vorführung den Höhepunkt ihres Genies erreicht haben, auf spektakulä-

---

[501] Vgl. Schneider bei Kruse, Bernhard Arnold: Interview mit Robert Schneider. In: Der Deutschunterricht 48 (1996). S. 99.

[502] Süskind, P.: Das Parfum. S. 89.

[503] Gottwald, Herwig: Mythos und Mythisches in der Gegenwartsliteratur. Studien zu Christoph Ransmayr, Peter Handke, Botho Strauß, George Steiner, Patrick Roth und Robert Schneider. Stuttgart: Heinz 1996 (= Stuttgarter Arbeiten zur Germanistik 333). S. 161.

128

re Weise Selbstmord. Die Darstellungen der Sinnlichkeitsgenies decken sich auch in Einzelheiten, wie z.b. der Betonung der Außenseiterrolle, der Beschreibung körperlicher Abnormalitäten, etc.[504] Der wesentliche Unterschied besteht freilich in der Wahl des genial ausgeprägten Sinnes: Während bei Süskind die nicht gekannte Fokussierung des Geruchssinns mit seinen speziellen Konnotationen zur Unterminierung des Geniegedankens eingesetzt wurde, schafft die Verbindung von Genie und Gehör, bzw. Musik gänzlich andere Voraussetzungen. Denn „Schlafes Bruder" knüpft damit deutlich an die Tradition der romantischen Künstlerromane mit ihren musikalischen Genies an und Elias Alder rückt in die Nähe von Wackenroders kunstliebendem Klosterbruder Josef Berglinger, E.T.A. Hoffmanns Johannes Kreisler[505] oder Novalis' Heinrich von Ofterdingen. Die in diesen Werken begründete romantisch-idealistische Wertung der Musik bildet die Grundlage für die Ausgestaltung des akustischen Genies bei Schneider, die sich nicht in erster Linie auf den ursprünglichen Geniegedanken als Produkt eines aufklärerischen Emanzipationsstrebens oder etwa dessen Geschichte als Ganzes bezieht, sondern explizit auf dem spezifisch romantisch-idealistischen Geniekonzept basiert.

Dementsprechend sind auch die traditionellen Konstituenten des Geniebegriffs, also pantheistischer Naturbezug, elementare Innerlichkeit und Autonomiestreben, in Elias in ihrer jeweiligen romantischen Prägung ungebrochen präsent. Sein Genie zeichnet sich von Anfang an durch eine besonders intensive Fühlung mit der Natur aus, was unter anderem darin deutlich wird, dass er das „Hörwunder", während dessen er einhergehend mit drastischen körperlichen Veränderungen sein absolutes Gehör als Basis seiner Kunst erlangt, auf einem Stein in einem Bachbett, d.h. in freier Natur erfährt. Auch im Folgenden bleibt Elias' romantische Kunst wesentlich an die Natur als Quelle der Inspiration gebunden: In seinen ersten Kompositionsversuchen imitiert er die Flugbahnen zweier Schmetterlinge.[506] Ganz Genie empfindet Elias die Natur in pantheistischer Manier als beseeltes Wesen: „Er sang täglich mit ihnen [den Kindern, ...] und flößte ihnen beharrlich ein, daß nicht bloß der Mensch eine Seele habe, sondern auch die Kreatur, die Blume und der Stein."[507] Eine absolute Steigerung findet der pantheistische Naturbezug in der wun-

504 Vgl. Hoffmann, D.: Arbeitsbuch Deutschsprachige Prosa seit 1945 II. S. 320ff.
505 Vgl. Steets, Angelika: Schlafes Bruder. Interpretation. München: Oldenbourg 1999 (= Oldenbourg Interpretationen 69). S. 31ff.
506 Vgl. Schneider, Robert: Schlafes Bruder. 30. Aufl. Stuttgart: Reclam 2007 (= RUB 20743). S. 69f.
507 Ebd. S. 119.

dersamen Zwiesprache des musikalischen Genies mit den Tieren, die
durch eine übermenschliche Beherrschung seiner Stimme möglich wird:
„Er sang im Ultraschall der Fledermäuse, pfiff unhörbar in den Schwin-
gungen der Füchse und Hunde."[508] Elias wird damit einerseits zum
Nachfolger des Heiligen Franz von Assisi[509] sowie – noch treffender – zu
einem neuzeitlichen Orpheus, womit die Verquickung von musikali-
schem Genie und harmonischem Verhältnis zur göttlich beseelten All-
Natur endgültig bekräftigt wird. Elias zeichnet sich folglich gerade in
seiner genialen Kunst durch eine intensive Naturnähe aus, die an keiner
Stelle, etwa durch eine Wendung ins Biologistische wie im Fall des
Süskindschen Geruchsgenies, konterkariert wird.

Auch die für den Geniegedanken wesentliche Hinwendung des Genies
zur inneren Welt der Gefühle erfüllt sich in der Musik, deren besondere
Möglichkeit zur emotionalen Ansprache ein Topos ist. Dem Geruchssinn
haftet diese Verbindung zu den Affekten ebenfalls an, doch bei der Musik fehlt das Moment des unberechenbar Triebhaften, des Autismus und
Narzissmus, das den Weg nach innen untergräbt. Und so schöpft Elias,
der über keinerlei Kenntnisse des Notenlesens, der Musikgeschichte etc.
verfügt, seine Kunst genietypisch und jenseits aller Relativierung aus
seinen persönlichen Erfahrungen und Gefühlen: „Der spätromantisch-
expressionistische Gestus seines Musizierens ist Ausdruck reiner Subjektivität […]."[510] Die aus dem Innersten kommende geniale Musik ergreift
denn auch auf der Seite des Publikums die Menschen auf entsprechende
Weise:

> Wenn er also musizierte, vermochte er den Menschen bis auf das In-
> nerste seiner Seele zu erschüttern. […] Ohne seinen Willen traten
> ihm dann die Tränen aus den Augen. Ohne seinen Willen durchlitt
> er Todesangst, Kindesfreuden, ja bisweilen gar erotische Empfin-
> dungen. Solches in der Musik geleistet zu haben, war das Verdienst
> des Johannes Elias Alder.[511]

Dass Elias ein traditionelles Genie der Leidenschaft ist, kommt neben der
emotionalen Qualität seiner Kunst vor allem darin unzweifelhaft zum
Ausdruck, dass er nicht nur ein Genie der Musik, sondern auch eines der
Liebe ist. Die zwei übermenschlich ausgeprägten Begabungen gehören

---

508   Schneider, R.: Schlafes Bruder. S. 197.
509   Vgl. Werner, Mark: Schlafes Bruder – eine Heiligenlegende? In: Über »Schlafes
      Bruder«. Materialien zu Robert Schneiders Roman. Hrsg. von Rainer Moritz. 3.
      Aufl. Stuttgart: Reclam 1998 (= RUB 1559). S. 110.
510   Steets, A.: Schlafes Bruder. S. 30.
511   Schneider, R.: Schlafes Bruder. S. 178f.

essenziell zueinander,[512] werden häufig zusammen genannt[513] und kommen vor allem beide in unauflösbarer Verschränkung im Hörwunder über Elias, bei dem er das Herzklopfen seiner noch ungeborenen großen Liebe Elsbeth vernimmt.[514] Die Verbindung von Musik und schicksalhafter Liebe ist ein zentrales Motiv des romantischen Geniekonzepts, das unter anderem die Basis von Novalis' Künstlerroman „Heinrich von Ofterdingen" bildet.[515] Obwohl es heißt, Elias entscheide sich für die Liebe und gegen die Musik,[516] offenbart sich die gegenseitige Bedingung beider Gaben in dem erst noch folgenden Durchbruch Elias' als Dorforganist, den er mit einem am Rhythmus von Elsbeths Herzschlag orientierten Spiel erlangt.[517] Während sich das olfaktorische Genie für das Leben und gegen die Liebe entscheidet (s. 3.3.1), ist das musikalische Genie nur in Verbindung mit und unter Voraussetzung der Liebe denkbar, was wiederum darin deutlich wird, dass Elias nach Verlust seiner Liebe nur noch halbherziges, unspektakuläres Orgelspiel hervorbringt.[518] Diese Liebe, die die unverzichtbare innere Quelle für das Genie darstellt, ist dabei bewusst sexuell enthaltsamer, überirdischer Natur[519] und darüber hinaus auf den Tod als tragisches Ende hin orientiert[520] – ein weiteres wichtiges Motiv der Romantik, das auch das Thema der titelgebenden, bei den Zeitgenossen beliebten Bach-Kantate prägt.[521] In seiner unglücklichen, in den Tod führenden Liebe, d.h. seiner Entscheidung für die Liebe und gegen das Leben, steht Elias außerdem in enger Verbindung mit Goethes Werther,[522] einem der bekanntesten Genies der Literaturgeschichte und einem wichtigen Vorläufer der romantischen Künstlerfiguren. Hier zeigt sich eine früh erkannte destruktive Seite des

---

[512] Vgl. Werner, Mark: Die Konzeption des Genies in Robert Schneiders Schlafes Bruder. Interpretation. Marburg: Tectum 2003 (= Diplomica 1). S. 20f.

[513] Vgl. z.B. Schneider, R.: Schlafes Bruder. S. 9.

[514] Vgl. ebd. S. 38.

[515] Vgl. Gottwald, H.: Mythos und Mythisches in der Gegenwartsliteratur. S. 163.

[516] Vgl. Schneider, R.: Schlafes Bruder. S. 96.

[517] Vgl. ebd. S. 144ff.

[518] Vgl. ebd. S. 150f.

[519] Vgl. ebd. S. 108.

[520] Vgl. ebd. S. 154.

[521] Vgl. Werner, M.: Die Konzeption des Genies in Robert Schneiders Schlafes Bruder. S. 58.

[522] Vgl. Moritz, Rainer: Nichts Halbherziges. Schlafes Bruder: Das (Un-) Erklärliche eines Erfolges. In: Über »Schlafes Bruder«. Materialien zu Robert Schneiders Roman. Hrsg. von Rainer Moritz. 3. Aufl. Stuttgart: Reclam 1998 (= RUB 1559). S. 24.

genialen Innerlichkeitskults, die als romantisches Phänomen jedoch eher tragisch-idealistische denn allgemeingefährliche Züge trägt. Es lässt sich insgesamt festhalten, dass in Schneiders gefühlsbetontem Musikgenie, das anders als das autistisch-narzisstische Geruchsgenie Liebe keineswegs nur für sich selbst empfinden kann, auch bezüglich der Innerlichkeit eine alte Tradition des Geniegedankens beinahe ungebrochen wieder lebendig wird.

Ähnliches gilt für die Autonomie des von jeglichen Regeln oder Vorgaben unabhängigen genialischen Schaffens, die in „Schlafes Bruder" explizit beschworen wird: „Es ist das Wesen eines jeden Genies, daß es Dinge mit großer Vollendung zuwege bringt, die es weder geschaut, noch gehört hat."[523] In der Tat erhält Elias Zeit seines Lebens keinen Einblick in die regelhaften Grundlagen der Musik, sondern schöpft sein Spiel ohne Kenntnis von Noten oder Kompositionstechniken rein aus sich selbst. Es ist nicht zuletzt diese Mühelosigkeit seines künstlerischen Schaffens jenseits aller Regeln, die ihn als traditionelles, autonomes Originalgenie ausweist.[524] Etwas diffiziler gestaltet sich jedoch das Verhältnis des Musikgenies zu einer anderen Autorität, nämlich Gott. Im Gegensatz zu „Das Parfum", in dem Gott höchstens als von Grenouille verachtete Instanz und damit als notwendiges Element zur Veranschaulichung seines Allmachtwahns eine Rolle spielte, sind Gott und Kirche in der Eschberger Bauernwelt omnipräsente Autoritäten, die auch für das Dasein und die Entwicklung des Genies bestimmend sind.[525] In dieser Durchwirkung der Musik von göttlicher Transzendenz zeigt sich ein weiterer typischer Zug der spezifisch romantischen Geniekonzeption, die „Schlafes Bruder" zugrunde liegt.[526] Auch die Parallelen der Geschichte zur Heiligenlegende, die unter anderem in der göttlichen Auserwähltheit des Genies, diversen Wundern, einer Gotteserscheinung und dem Damaskus-Erlebnis Peters nach Elias' Tod[527] zum Tragen kommen,[528] sind dieser romantischen Grundorientierung zuzurechnen. Allerdings erhält Elias in einer zentralen Szene, in der er sich, nachdem

---

[523] Schneider, R.: Schlafes Bruder. S. 94f.

[524] Vgl. Schlösser, Hermann: »Wie kein Meister vor oder nach ihm…« Die Einzigartigkeit des Komponisten Elias Alder. In: Über »Schlafes Bruder«. Materialien zu Robert Schneiders Roman. Hrsg. von Rainer Moritz. 3. Aufl. Stuttgart: Reclam 1998 (= RUB 1559). S. 83.

[525] Vgl. Werner, M.: Schlafes Bruder – eine Heiligenlegende? S. 108.

[526] Vgl. Steets, A.: Schlafes Bruder. S. 32.

[527] Vgl. Schneider, R.: Schlafes Bruder. S. 201.

[528] Vgl. Werner, M.: Die Konzeption des Genies in Robert Schneiders Schlafes Bruder. S. 25.

Elsbeth einen andern gewählt hat, gegen Gott auflehnt, in einer Umkehrung der Vater-unser-Formel durchaus auch typisch prometheische Züge: „Wisse, daß ich mich gegen Deine Fügungen stelle. [...] Von nun an soll Deine Macht nicht mehr in mir wirken. Und wenn ich, Johannes Elias Alder untergehe, so ist es mein Wille, nicht Dein Wille!"[529] Es bleibt hier jedoch bei diesen Anklängen, da die Rebellion in die Vision einer Theophanie und die hingebungsvolle Euphorie des Gotteslästerers mündet.[530] Elias verliert in der Folge dieses Erlebnisses seine Liebe zu Elsbeth und mit ihr auch seine Leidenschaft für die Musik. Ob sich Gott damit wirklich von ihm zurückgezogen hat[531] und ob Elias' schließlich erfolgreiche Versuche, die Liebe wiederzufinden, eine Auflehnung gegen die göttlichen Absichten oder vielmehr deren Erfüllung bedeuten, bleibt aufgrund der widersprüchlichen Figurenansichten und der uneinheitlichen, oftmals ironischen Erzählhaltung schwierig zu entscheiden, weshalb sich auch die Forschungsliteratur mit entsprechenden Vorschlägen auffallend zurückhält. Fest steht, dass Elias seine Suche nach der verlorenen Liebe zunächst als Aufstand gegen die Macht Gottes begreift,[532] sie und zugleich die Fühlung zur Natur und zum Leben beim Musizieren, d.h. während seiner genialischen Improvisation zu Bachs Choral „Kömm, o Tod, du Schlafes Bruder" auf dem großen Orgelfest zurückgewinnt[533] und sich anschließend durch Schlafentzug selbst tötet. Dieser letzte Akt des Genies changiert zwischen menschlicher Selbstsetzung[534] und beabsichtigter Erfüllung von Gottes vermeintlicher Forderung „Wer liebt, schläft nicht".[535] Es lässt sich demnach zusammenfassen, dass der Gottesbezug des Genies in „Schlafes Bruder" ein typisch romantisches Phänomen ist, das jedoch von einzelnen Versatzstücken prometheischen Selbstbehauptungswillens durchzogen ist.

---

[529]   Schneider, R.: Schlafes Bruder. S. 144f.

[530]   Vgl. ebd. S. 145ff.

[531]   so deutet es z.B. Klingmann, Ulrich: Sprache und Sprachlosigkeit: Zur Deutung von Welt, Schicksal und Liebe in Robert Schneiders "Schlafes Bruder". In: Deutschsprachige Gegenwartsliteratur. Hrsg. von Hans-Jörg Knobloch und Helmut Koopmann. Tübingen: Stauffenburg-Verlag 1997 (= Stauffenburg Colloquium 44). S. 216.

[532]   Vgl. Schneider, R.: Schlafes Bruder. S. 153.

[533]   Vgl. ebd. S. 176ff.

[534]   Vgl. Körtner, Ulrich H. J.: Liebe, Schlaf und Tod. Ein theologischer Versuch zu Robert Schneiders Roman Schlafes Bruder. In: Über »Schlafes Bruder«. Materialien zu Robert Schneiders Roman. Hrsg. von Rainer Moritz. 3. Aufl. Stuttgart: Reclam 1998 (= RUB 1559). S. 99.

[535]   Vgl. Schneider, R.: Schlafes Bruder. S. 191f.

Ein weiteres typisches Element romantischer Künstlerromane ist die soziale Dimension, die im Leiden des stigmatisierten Außenseiter-Genies an seiner verständnislosen Umwelt zum Tragen kommt. Der traditionelle Konflikt zwischen Kunst und Leben liegt damit in erster Linie in der Gesellschaft begründet und entsteht nur bedingt durch die dem Geniekonzept eigene Destruktivität wie bei Süskind.

Hinsichtlich der inhaltlichen Darstellung des Sinnlichkeitsgenies in „Schlafes Bruder" wird insgesamt deutlich, dass mit dem Komplex aus Musik, Liebe, Naturnähe, Leiden an der Umwelt, Religion und Tod wesentliche Aspekte des romantisch geprägten Geniemythos in ungebrochener Weise übernommen werden. Elias ist ein traditionelles romantisches Originalgenie, „eine Art bäuerlicher Novalis",[536] der kaum neue Facetten bietet, sondern „im Gegenteil eher einem Katalog von Genietypischem folgt",[537] was in weiten Teilen durch die Wahl des im Zentrum stehenden Sinnesorgans vorgegeben ist. Während Süskind durch die Fokussierung des Geruchssinns den Geniegedanken und mit ihm das Verlangen nach dem Großen, Totalen und Unfassbaren gezielt unterminiert, löst Schneider mit dem akustischen Genie die Sehnsucht nach dem Besonderen und Einzigartigen ein:[538] „Tod, Liebe, Kunst erstrahlen als Apotheosen, vor denen das Alltägliche verdorrt. Der Außergewöhnliche, der elitäre Einzelne darf ein ungebrochenes Faszinosum sein."[539]

All dies gilt jedoch nur, solange die formale Gestaltung von „Schlafes Bruder" außer Betracht bleibt, die ähnlich wie in „Das Parfum" wesentlich zum Bedeutungspotenzial des Romans beiträgt. Zunächst fällt auf, dass Kommentare zu Schneiders Prosadebüt denen zu Süskinds Erzählweise fast wörtlich entsprechen: „Der Erzähler ist omnipräsent und verfügt mit großer erzählerischer Gebärde über seinen Stoff. [...] Er erzählt, als hätte es die Moderne nie gegeben."[540] Ebenso wie auch Schneider zu traditionellen Formen des Erzählens zurückkehrt, die selbst vor der altertümlichen Leseransprache nicht zurückschrecken,[541] werden diese auch bei ihm als Anachronismus vorgeführt und wird auch hier das Authentizitätspostulat durch ein zur Schau gestelltes postmodernes Spiel mit der Künstlichkeit konterkariert. Das Erzähltwerden der Ge-

536 Matt, Beatrice von: Föhnstürme und Klangwetter. In: Neue Züricher Zeitung (20.10.1992).

537 Werner, M.: Die Konzeption des Genies in Robert Schneiders Schlafes Bruder. S. 132.

538 Vgl. Doerry, Martin: Ein Splittern von Knochen. In: Der Spiegel (23.11.1992).

539 Matt, B. v.: Föhnstürme und Klangwetter. (20.10.1992).

540 Steets, A.: Schlafes Bruder. S. 43.

541 Vgl. z.B. Schneider, R.: Schlafes Bruder. S. 27f., 61, 96.

schichte wird als solches offensichtlich und offenbart dabei vielfach Brüche. So schlüpft der Erzähler erkennbar in verschiedene, nicht vermittelbare Rollen:[542] Er ist einmal allwissender Erzähler, der das Innenleben seiner Figuren und sogar Gottes Pläne genau kennt,[543] dann aber wieder auf historische Dokumente angewiesener, in seinem Wissen beschränkter Chronist.[544] Die Erzählhaltung erweist sich nicht zuletzt in diesen Widersprüchen als spielerische Mimikry.[545] Auch die Struktur des Romans macht das Konstruierte des Ganzen deutlich: Am Anfang steht eine vorwegnehmende Zusammenfassung des gesamten Geschehens,[546] worauf dann unmittelbar ein Abschnitt mit dem Titel „Letztes Kapitel" folgt.[547] Die Irritation ist gewollt, auch wenn sich der inhaltliche Bezug der Überschrift auf die Auslöschung von Eschberg nachträglich aufklärt. Ebenso stören diverse Bekundungen von Desinteresse[548] – „Wie auch immer."[549] – den Eindruck eines klassischen Erzählerverhaltens und nicht zuletzt das intertextuelle Spiel mit Versatzstücken aus den Gattungen Künstlernovelle, Legendendichtung, Dorfgeschichte und Märchen lässt artistischen Konstruktionswillen durchscheinen.[550]

Auch für die von altertümlichen und regionalen Begriffen durchsetzte Sprache des Romans gilt, dass „ein genaues Hinsehen offenbart, daß die Sprache des Romans keine um Authentizität bemühte Nachbildung einer historischen oder dialektalen Variante ist."[551] Es handelt sich vielmehr um eine „betuliche Kunstsprache",[552] in der wahllos alte, dialektale, moderne und sogar neologistische Begriffe (z.B. die Verben „nasen"[553]

---

[542] Vgl. Steets, A.: Schlafes Bruder. S. 44ff.

[543] Vgl. z.B. Schneider, R.: Schlafes Bruder. S. 13.

[544] Vgl. ebd. S. 51.

[545] Vgl. Zeyringer, Klaus: Felders Stiefbruder oder Der verkleidete Erzähler. Robert Schneiders Dorf-Geschichte. In: Über »Schlafes Bruder«. Materialien zu Robert Schneiders Roman. Hrsg. von Rainer Moritz. 3. Aufl. Stuttgart: Reclam 1998 (= RUB 1559). S. 58.

[546] Vgl. Schneider, R.: Schlafes Bruder. S. 9.

[547] Vgl. ebd. S. 10ff.

[548] Vgl. ebd. S. 51.

[549] Ebd. S. 22.

[550] Vgl. Werner, M.: Die Konzeption des Genies in Robert Schneiders Schlafes Bruder. S. 127.

[551] Moritz, R.: Nichts Halbherziges. S. 20.

[552] Polt-Heinzl, Evelyne: Robert Schneider: Schlafes Bruder. In: Romane des 20. Jahrhunderts. Bd. 3. Stuttgart: Reclam 2003 (= RUB 17522: Interpretationen). S. 268.

[553] Schneider, R.: Schlafes Bruder. S. 11.

für „riechen" oder „schuhen"[554] für „gehen") miteinander kombiniert werden. Darüber hinaus zeichnet sich die Sprache, vor allem wenn es darum geht, akustische Sinneswahrnehmungen zu beschreiben, wie auch bei Süskind durch eine bewusste Maßlosigkeit der Rhetorik aus, die das Unauthentische und Gemachte der sprachlichen Vermittlung in den Vordergrund rückt. So gliedern zum Beispiel auffällig wiederkehrende Refrains („Seff war kein Redner"[555] und „Die Seffin gellte vor Schmerzen"[556]) das Geburtskapitel. Unter anderem Synästhesien („der schwarze Donner",[557] „er sah das Tönen"[558]), Anaphern („Klangwetter, Klangstürme, Klangmeere und Klangwüsten."[559]) und von Onomatopoetika geprägte parallelistische Aufzählungen werden zur Beschreibung akustischer Sinneswahrnehmungen herangezogen, um dann in schon von Süskind her bekannter Manier auf die Unmöglichkeit jeglicher sprachlicher Vermittlung von authentischer Sinnlichkeit zu verweisen:

> Dann das unbeschreibliche Konzert von Geräuschen und Lauten aller Tiere und aller Natur und die nicht enden wollende Zahl der Solisten darin. Das Muhen und Blöken, das Schnauben und Wiehern, das Gerassel von Halfterketten, das Lecken und Zungengewetze an Salzsteinen, das Klatschen der Schwänze, das Grunzen und Rollen, das Furzen und Blähen, das Quieken und Piepsen, das Miauen und das Gebell, das Gackern und Krähen, das Zwitschern und Flügelschlagen, das Nagen und Picken, das Grabschen und Scharren... [...] Was sind Worte![560]

In dem überladenen, excessiven Sprachgestus wird zunächst dessen Kunstcharakter zur Schau gestellt,[561] um unmittelbar darauf generell „Beschreibungsunmöglichkeit trotz äußerer Wortmächtigkeit"[562] zu konstatieren. Wie schon bei „Das Parfum" besteht also auch hier ein wesentliches Charakteristikum des Romans in der bewussten Inszenierung von Künstlichkeit in Erzählhaltung und Sprache, womit das Ringen um Unmittelbarkeit als zentraler Aspekt des Geniegedankens untermi-

---

554   Schneider, R.: Schlafes Bruder. S. 34.
555   Ebd. S. 14f.
556   Ebd. S. 16f.
557   Ebd. S. 35.
558   Ebd. S. 36.
559   Ebd. S. 36.
560   Ebd. S. 37f.
561   Vgl. Förster, N.: Die Wiederkehr des Erzählens. S. 150.
562   Steets, A.: Schlafes Bruder. S. 60.

niert wird.[563] Der Roman ist ein synthetisches Konstrukt, das gerade nicht als Manifestation von Authentizität ernst genommen werden will.[564] Schneider selbst bestätigt, der Erzähler stelle „ein ganz großes ironisches Moment"[565] dar. Dieser bleibt dabei allerdings auch das hauptsächliche, denn anders als in „Das Parfum", wo Unmittelbarkeits- und Totalitätsansprüche des Geniegedankens vor allem inhaltlich durch die Konzentration auf den Geruchssinn, aber auch formal durch zur Schau gestellte Künstlichkeit unterlaufen werden, fehlen bei Schneider ironische Brechungen der dargestellten Figur selbst. In dieser bietet der Roman dem Publikum das ungebrochene große Gefühl, das Monumentale und Unbegreifliche[566] – eine „Botschaft der Emotion, des Anti-Intellekts".[567] Ironische Distanz und postmodernes Spiel entstehen erst durch den gekünstelten Sprach- und Erzählgestus, der deshalb umso mehr Gewicht erhält:

> Indem SCHNEIDER die Geniethematik vornehmlich unter romantischem Vorzeichen aufgreift und mit der Idee einer absolut gesetzten Liebe verknüpft, die er durch die Gleichung Schlaf-Tod noch mythisch unterlegt, setzt er sich stärker als Süskind der Gefahr der Klischeehaftigkeit aus […]. Um einseitiger Trivialisierung entgegenzuwirken, arbeitet SCHNEIDER – stärker als Süskind – an der Ausarbeitung eines eigenwilligen Jargons, der in seiner spezifisch archaisch-dialektalen Mischung sprachliche Originalität simuliert […].[568]

5.2 Joseph Vilsmaiers Verfilmung

Auch die Geschichte des akustischen Genies wurde verfilmt und da der Autor von „Schlafes Bruder" offensichtlich deutlich leichter für die Idee einer Adaption zu gewinnen war als Süskind, kam der gleichnamige Film von Neo-Heimatfilm-Regisseur Joseph Vilsmaier bereits 1995, quasi unmittelbar nach Erscheinen des Romans, in die Kinos. Robert Schneider wirkte als Drehbuchschreiber aktiv an der filmischen Bearbeitung seines Werks mit und übernahm sogar eine Nebenrolle.

---

563 Vgl. Förster, N.: Die Wiederkehr des Erzählens. S. 158f.

564 Vgl. die gegenteilige Meinung bei Norton, Robert: "Schlafes Bruder – Sinnes Schwund": Robert Schneider and the Post-Postmodern Novel. In: Signaturen der Gegenwartsliteratur. Festschrift für Walter Hinderer. Hrsg. von Dieter Borchmeyer. Würzburg: Königshausen & Neumann 1999. S. 242.

565 Schneider bei Kruse, B. A.: Interview mit Robert Schneider. S. 96.

566 Vgl. Landa, Jutta: Robert Schneiders Schlafes Bruder: Dorfchronik aus Kalkül? In: Modern Austrian Literature 29 (1996). S. 166.

567 Moritz, R.: Nichts Halbherziges. Schlafes Bruder: S. 22.

568 Steets, A.: Schlafes Bruder. S. 86.

Die entscheidende Veränderung, die der Medienwechsel im Falle von „Schlafes Bruder" für die Haltung zur Geniethematik mit sich bringt, ist die der zunächst ersatzlos wegfallenden ironischen Brechung, die in der Romanvorlage durch Erzählverhalten und -sprache ins Spiel kam. Die Verfilmung verzichtet auf den Einsatz eines Off-Erzählers oder anderer formaler Strategien der Distanzierung, wodurch an die Stelle eines postmodernen Spiels mit dem Geniegedanken das reine, ungebrochen faszinierende Geschehen gesetzt wird. Was bleibt, ist eine mehr oder weniger traditionelle Geniegeschichte, deren Tendenzen zu Überhöhung und Sakralisierung des Ausnahmemenschen sich denn auch schon in der Gestaltung des Filmbeginns zeigen:[569] Zunächst ist zu sehr dezenter musikalischer Untermalung eine sich zusammen mit einem Jungen den Berg heraufmühende Frau – die Hebamme, wie sich herausstellen wird – zu sehen, als plötzlich der sakral-pompöse titelgebende Bachchoral einsetzt und sich im Folgenden die Bilder der Wandernden mit Kameraflügen über verschneite und wolkenverhangene Gebirgskämme abwechseln. Die Kombination von Bildinhalt, Kamerahandlung und Musik schafft eine sakrale Dramatik, die eine nahende Manifestation der überirdischen Dimension ankündigt. Ein Donner beendet diese Szenerie und leitet gleichzeitig zur Ankunft der Hebamme im Bergdorf bei strömendem Gewitterregen über, womit die bedeutungsschwangere Kulisse für die Geburt des genialen Musikers Johannes Elias Alder geschaffen ist.

Die sich hier abzeichnende Bestätigung des Geniemythos setzt sich schließlich im Weiteren fort. Zum Teil ergibt sich dies schon aus der Notwendigkeit des Films, dort konkret zu werden, wo in der Vorlage sprachliche Beschreibungen von akustischen Wahrnehmungen und musikalischen Ereignissen durch die überzeichnete Stilisierung ihren Kunstcharakter zur Schau tragen, womit die Authentizität der Sinnesempfindung untergraben und die genialische Musik bewusst als Leerstelle vorgeführt wird. Wo im Roman absolutes Gehör und nie gehörte Musik behauptet und dann in einem Spiel mit Rhetorik und bloßen Begriffen ironisiert werden, muss im Film wirklich etwas erklingen, muss die Leerstelle gefüllt werden. Die zentrale Szene im Hinblick auf Elias' übermenschlichen Hörsinn ist natürlich seine Initiation im Hörwunder, in dem er die Welt der Geräusche und die schicksalhafte Liebe zu Elsbeth erfährt. Im Film wird das wundersame Geschehen durch den geballten Einsatz filmästhetischer Mittel inszeniert.[570] Im akustischen

---

569   Vgl. Vilsmaier, Josef: Schlafes Bruder. Produktion: Perathon. Drehbuch: Robert Schneider. Mit: Andre Eisermann, Dana Vavrova, Ben Becker, Michael Mendl, Angelika Bartsch, Eva Mattes, Lena Stolze. Musik: Norbert Jürgen Schneider/Hubert von Goisern. Arthaus 1994. 0:00:18-0:04:38.

570   Vgl. ebd. 0:24:38-0:28:08.

Bereich ist die gesamte Szene mit geheimnisvollen, sphärisch wirkenden Klängen unterlegt, in die einzelne extrem überzeichnete, teilweise surrealistisch verfremdete Geräusche fallen, wie z.B. das krachende Knicken von Schilfhalmen, ein schneidend intensives Tropfgeräusch und natürlich der laute Herzschlag der neugeborenen Elsbeth. Optisch wird dieses akustische Erlebnis durch ein wahres Feuerwerk an filmischen Mitteln ergänzt: rote und graue Bildeinfärbungen; Zeitraffer; zahlreiche Überblendungen, die zum Teil nur angedeutet, aber nicht ganz vollzogen werden, so dass sich collageartige Bildüberlagerungen ergeben; Kamerabewegungen in unmittelbarer Nähe zum Objekt bis hin zum direkten Kontakt, z.B. mit dem Schilf; auffällige Kameraperspektiven und -handlungen, wie z.B. extreme Aufsichten und schnelle Drehungen; schnelle, nicht mehr nachvollziehbare Schnitte und Jump-Cuts, zum Teil im Rhythmus des hörbaren Herzschlags (vgl. Abb. 23-24). Die Szene endet mit dem Bild von Elias, aus dessen Ohren und Augen, die wie in der Vorlage ihre Farbe verändern, Blut rinnt, während die surrealistische Geräuschkulisse von Orgelmusik abgelöst wird. Die eingesetzten Mittel erinnern zum Teil deutlich an die von Tykwer verwendeten (s. 4.3.2), der Unterschied besteht jedoch darin,

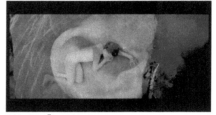

Abb. 23: Überblendung

Abb. 24: Surrealistische Optik

dass sie dort zwar auch eine konkrete, aber zum Geruchssinn nur analoge Sinneserfahrung ermöglichen, während es hier zumindest im akustischen Bereich um das direkte, unmittelbare (Mit)Erleben des genialischen Hörens geht. In beiden Fällen ist es aber gleichermaßen das Ziel, größtmögliche Authentizität der sinnlichen Wahrnehmung zu bieten, was für den Film im akustischen Bereich jedoch leichter zu erreichen ist. Denn auch wenn die Regieleistung zum Teil als zu bemüht abqualifiziert wird,[571] so gelingt es doch recht gut, den Zuschauer mittels experimenteller Tongestaltung, unterstützt von einer surrealistischen Optik, in ein intensives sinnliches Erleben einzubeziehen, was an anderer Stelle von der Kritik auch gewürdigt wird: „In seiner Annäherung an die Kako-

---

[571] Vgl. Steets, A.: Schlafes Bruder. S. 96.

phonie, ohne ihr zu erliegen, leistet der Film im ursprünglichen Wortsinn Unerhörtes."[572]

Was die Musik betrifft, die das Genie hervorbringt, so gestaltet sich deren Darstellung allerdings schwieriger als die der übernormalen Wahrnehmung von Geräuschen. Außergewöhnliches akustisches Sinnesvermögen lässt sich wie beschrieben durch spezielle Tontechnik vermitteln, eine geniale, die Menschen im Innersten ergreifende Musik will aber erst komponiert werden. Dieser Umstand hat Anlass zu Bemerkungen gegeben, nur ein Stummfilm könne dem Stoff wirklich gerecht werden.[573] In der Tat fällt auf, dass der Film, obwohl er die Geschichte eines musikalischen Genies erzählt, mit Musik relativ sparsam umgeht. Zumindest an zwei Schlüsselstellen kommt er aber am Einsatz konkreten Orgelspiels kaum vorbei: bei Elias' Debüt als Dorforganist in Eschberg[574] sowie natürlich bei seinem Auftritt während des Orgelfests in Feldberg.[575] Auch wenn eine fundierte, musikwissenschaftliche Analyse an dieser Stelle nicht möglich ist, so nimmt sich die Besonderheit von Elias' Spiel in beiden Fällen, zumal in Absetzung zu dem bislang gehörten, durchaus deutlich aus. Für das Einspielen des Orgelfest-Stücks soll der renommierte Organist Prof. Harald Feller drei Monate lang geübt haben, da es „nahezu unspielbar virtuos konzipiert"[576] ist, wie der für die Filmmusik verantwortliche Norbert Schneider betont. Vor allem im Vergleich zum Spiel des vorangehenden Kandidaten, das wohl absichtlich konventionell bis fade ausfällt, sticht Elias' bombastisch-experimentelle Improvisation jedenfalls hervor. Aber darüber hinaus? Der Film scheint um die Unmöglichkeit der Erfüllung seines Anspruchs auf die absolute Musik zu wissen, wenn er versucht, die außerordentliche musikalische Qualität vor allem über wesensfremde Aspekte zu suggerieren. So sollen Großaufnahmen des entrückten, ekstatisch spielenden Elias, Detailaufnahmen von der arbeitenden Technik des Instruments und in erster Linie die Reaktionen des zuerst erstaunten und empörten, dann zunehmend verwunderten und schließlich euphori-

---

[572] Seidel, Hans-Dieter: Komm, o Tod und führe mich nur fort. In: Frankfurter Allgemeine Zeitung (05.10.1995).

[573] Vgl. Wallmann, Hermann: Wer liest, schläft nicht. Über den Anfang und das Ende von Schlafes Bruder. In: Über »Schlafes Bruder«. Materialien zu Robert Schneiders Roman. Hrsg. von Rainer Moritz. 3. Aufl. Stuttgart: Reclam 1998 (= RUB 1559). S. 36.

[574] Vgl. Vilsmaier, J.: Schlafes Bruder. 1:13:23-1:17:16.

[575] Vgl. ebd. 1:46:30-1:55:45.

[576] Schneider, Norbert: Per aspera ad astra. In: Schlafes Bruder. Der Film. Mit einem Vorwort von Robert Schneider. Hrsg. von Joseph Vilsmaier. Leipzig: Kiepenheuer 1995. S. 57.

schen Publikums das Geniale der Musik ausweisen (vgl. Abb. 25-26).[577] Zu guter Letzt kommt im Kirchenschiff ein unerklärlicher Wind auf, der schließlich die Vielzahl der zu einem Kreuz angeordneten Kerzen ausbläst. Alles in allem wird in dieser Inszenierung eine wenig subtile und dem tatsächlich Hörbaren unangemessene Theatralik geschaffen. Geniale Musik lässt sich in der Sprache einfach behaupten, da „es jedem unbenommen [bleibt], die schönste aller Musiken aus den Worten der Beschreibung herauszulesen."[578] Das ironische Spiel mit der mangelnden sinnlichen Erfahrung und damit dem ganzen genialen Unterfangen überhaupt steht dabei auf einem anderen Blatt. Die filmische Lösung schafft ebenfalls eher Distanz als Überzeugung, allerdings ungewollt,

Abb. 25: Ekstatischer Elias

Abb. 26: Euphorisches Publikum

da nicht die Unterminierung, sondern die Realität von Authentizität das offensichtliche Ziel ist. Was für das Streben nach sinnlicher Unmittelbarkeit hinsichtlich der Welt der Geräusche ein Vorteil war, nämlich dass der Ton Teil der genuin filmischen Vermittlungsweise ist, erweist sich in Bezug auf die Musik als Nachteil.

Was inhaltliche Abänderungen im Dienste einer Abmilderung kritisch-ironischer Tendenzen einerseits sowie einer Bekräftigung des Genies andererseits betrifft, so sind diese im Falle von „Schlafes Bruder" anders als bei „Das Parfum" kaum nötig und fallen auch dementsprechend dezent aus. Der zum Teil erhobene Vorwurf einer Verhübschung des Protagonisten[579] bleibt mit Blick sowohl auf die Romanvorlage, wo von einem schönen jungen Mann die Rede ist,[580] als auch die Rollenbesetzung eher unverständlich. Dass das Film-Eschberg trotz Matsch, Regen und Gewalt im Vergleich zur oft drastischen Grausamkeit der Romanwelt insgesamt leicht idyllisiert daherkommt, dürfte wohl schon allein der Bemühung um eine bestimmte Altersfreigabe geschuldet sein. Je-

---

577   Vgl. Steets, A.: Schlafes Bruder. S. 97.

578   Schlösser, H.: »Wie kein Meister vor oder nach ihm…«. S. 91.

579   Vgl. Jenny, Urs: Verlorene Liebesmüh. In: Der Spiegel (02.10.1995).

580   Vgl. Schneider, R.: Schlafes Bruder. S. 94.

doch fällt eine wesentliche inhaltliche Uminterpretation auf, die allerdings der Darstellung des Genies nicht unbedingt zum Vorteil gereicht: Während Elias' Liebe zu Elsbeth in der literarischen Vorlage deshalb unglücklich bleiben muss, weil diese seine Zuneigung kaum jemals richtig erfasst und vor allem in gänzlich anderen, äußerst pragmatischen Dimensionen denkend ihrerseits nie wirklich ein Gefühl der Liebe für den exzentrischen Musiker entwickelt, wird die Schuld für das Scheitern im Film Elias' einseitiger Konzentration auf die Musik zugesprochen. Bedingen sich im Roman musikalisches Genie und liebende Innerlichkeit in romantischer Manier gegenseitig, wird in der filmischen Adaption diesbezüglich ein eindeutiges Konkurrenzverhältnis entworfen. Diese Akzentverschiebung äußerst sich in kleineren Begebenheiten – Elias vergisst, den Blasebalg der Orgel zu treten, weil er zu Elsbeth hinuntersieht[581] – bis hin zu gravierenderen Vorfällen, bei denen er, zu fokussiert auf sich und seine übermenschliche akustische Begabung, Elsbeths Annäherungsversuche nicht erwidern kann.[582] Das Spannungsverhältnis mündet in einen offenen Streit zwischen Elias und Elsbeth, die ihn des einseitigen Interesses für die Musik anklagt und schließlich in ihrer Enttäuschung Elias' Geige an einem Balken zerschmettert.[583] Zu guter Letzt offenbart sich der zentrale Konflikt zwischen Musik und Liebe in einer bedeutsamen Parallelmontage, die Elias' ersten Auftritt als Dorforganist und Elsbeths Liebesakt mit Lukas, dem sie sich resigniert zuwendet, zueinander in Beziehung setzt:[584] Obwohl die Liebe im Film gegenseitiger Natur ist, scheitert sie ursächlich an der Verschlossenheit des zu sehr auf seine Kunst bedachten Genies. Interessanter Weise wird damit der im Roman nur in Bezug auf die Umwelt thematisierte Gegensatz von Kunst und Leben in die Liebesgeschichte hineingetragen, womit eine dem Genie als solches eigene Destruktivität zum Tragen kommt, die der Vorlage fehlt.

Dass diese tragische bis kritische Tendenz allerdings nicht die vorherrschende Idee der Überhöhung sprengt, manifestiert sich noch einmal in der Sterbeszene, die auch gestalterisch den Kreis zur Geburtsszene schließt.[585] Zu einzelnen, durch Abblenden voneinander getrennten Bildern des langwierigen Sterbens ist wieder der Bach-Choral zu hören, der bereits in den ersten Filmminuten Elias' Geburt einleitete. Der zuvor stattfindende Dialog zwischen Peter und Elias – „Wohin läufst du?" „Ich

581 Vgl. Vilsmaier, J.: Schlafes Bruder. 0:33:17-0:33:30.
582 Vgl. ebd. 0:45:32-0:49:58.
583 Vgl. ebd. 1:11:10-1:13:06.
584 Vgl. ebd. 1:15:17-1:18:38.
585 Vgl. ebd. 1:55:58-1:59:49.

will heim." „Aber hier gehts doch heim." „Nicht nach Eschberg."[586] –
zeigt zusätzlich an, wie die Szene verstanden werden will: Das Genie
kehrt zurück in die überirdischen Gefilde, aus denen es auf die Erde
herabgekommen war.

Zusammenfassend lässt sich also festhalten, dass sich die Verfilmung
von „Schlafes Bruder" dadurch auszeichnet, dass sie die leicht modifi-
zierte Geniegeschichte der Vorlage erzählt, ohne jedoch eine filmische
Entsprechung für die Ironisierung anzustreben, die im Roman durch
Erzählerhaltung und -sprache transportiert wird. Zusätzlich wird die im
Film vorhandene Authentizität der akustischen Sinneserfahrung bewusst eingesetzt, um dem Zuschauer ein konkretes Gefühl für Elias'
Genie zu vermitteln – dass der Erfolg hinsichtlich der Musik zweifelhaft
bleibt, ist dabei eine andere Frage. Vilsmaiers leidenschaftliche bis pathe-
tische Adaption[587] gerät als „spekulativer Überwältigungsversuch mittels Geniepathos und vorarlbergischer Naturschönheit"[588] ähnlich wie
Tykwers Verfilmung zu einer Manifestation des Geniekults in der Gegenwartskultur. Während beide Romane mit dem Geniegedanken auf
postmoderne Weise ironisch umgehen – wobei die Prägnanz beträchtlich
von dem der Geschichte zugrundegelegten Sinnesorgan abhängt –, machen die filmischen Adaptionen jeweils den Schritt von der Untermine-
rung zur Bestätigung des Geniekonzepts, was je nach Vorlage mit einem
unterschiedlichen Ausmaß notwendiger Neuerungen einhergeht.

---

586   Vilsmaier, J.: Schlafes Bruder. 1:56:47-1:56:56.
587   Vgl. Vilsmaier, Joseph: Regie, Kamera und Produktion. In: Schlafes Bruder. Der
       Film. Mit einem Vorwort von Robert Schneider. Hrsg. von Joseph Vilsmaier.
       Leipzig: Kiepenheuer 1995. S. 119.
588   Schneider, Christoph: Geniekult im Montafon. Joseph Vilsmaiers Verfilmung
       von «Schlafes Bruder». In: Neue Züricher Zeitung (13.10.1995).

6. Fazit

Die Geschichten von den Sinnlichkeits-Genies in der deutschsprachigen Gegenwartsliteratur zeichnen sich durch einen spielerischen bis kritischen Umgang mit dem Geniegedanken aus, der diesen als fragwürdiges Konzept entlarvt und bereitwillig verabschiedet. Süskind schafft in seinem Roman „Das Parfum" mit dem olfaktorischen Genie Grenouille ein Übergenie, das durch die Engführung mit den dem Geruchssinn zugeschriebenen Stereotypen alle wesentlichen Attribute der traditionellen Genievorstellung in sich vereint und gleichzeitig in ihr jeweiliges destruktives Gegenteil umkippen lässt. Aus Naturbezug, Innerlichkeit und Autonomiestreben werden so Animalität, Autismus, Narzissmus und Allmachtwahn. Die formale Organisation des Romans spiegelt die der Vorführung des Geniegedankens als dialektisches Phänomen zugrundeliegende Unterminierung von Authentizitätspostulat und Totalitätsstreben wider, indem sie Sprachspiele an die Stelle konkreter Sinnlichkeit setzt, den geschlossenen Erzählgestus als Anachronismus offenbart und in der Intertextualität ihre Künstlichkeit zur Schau stellt. Eine Strategie, die auch „Schlafes Bruder" kennzeichnet, wo sie jedoch die inhaltliche Botschaft durchbricht statt parallelisiert.

Tom Tykwers filmische Adaption von „Das Parfum" ist demgegenüber trotz vorhandener Elemente distanzierender Mittelbarkeit durch ein Authentizitätsbemühen bei der Vermittlung olfaktorischer Wahrnehmungen gekennzeichnet, indem mittels filmischer Formen im optischen und akustischen Bereich versucht wird, eine unmittelbare, der genialen Geruchsempfindung qualitativ analoge Sinneserfahrung zu gestalten. Die Rückkehr zu Authentizität und Totalität zeigt sich auch in der inhaltlichen Uminterpretation des Genies zu einer gleichzeitig faszinierenden und anschlussfähigen Identifikationsfigur, deren zentrale Strategien in Kultivierung, Subjektivierung, Psychologisierung und Sakralisierung bestehen. An die Stelle der kritisch-ironischen Destruktion des Genies tritt – ähnlich wie in der Verfilmung von „Schlafes Bruder" – wieder der Kult um den genialen Ausnahmemenschen.

Es kann daher zusammengefasst werden, dass das Geruchsgenie als dialektische Kippfigur einem weiteren Kippphänomen unterliegt und die skizzierte jahrhundertelange Geschichte des Geniekonzepts zwischen Totsagung und Auferstehung, zwischen Emanzipation und Kult allen postmodernen Verabschiedungstendenzen zum Trotz auch in der Gegenwart kein Ende finden und die endgültige Befreiung des Menschen vom Genie und damit seiner heiklen Sehnsucht nach dem Großen, Außergewöhnlichen so schnell wohl nicht stattfinden wird.

LITERATURVERZEICHNIS

Quellen

Birkin, Andrew/Eichinger, Bernd/Tykwer, Tom: Das Drehbuch. In: Das Parfum. Das Buch zum Film. Hrsg. von Constantin Film. Zürich: Diogenes 2006. S. 31-137.

Dietl, Helmut/Süskind, Patrick: Rossini oder die mörderische Frage, wer mit wem schlief. Zürich: Diogenes 1997 (= Diogenes Taschenbuch 22957).

Goethe, Johann Wolfgang von: Prometheus. In: Johann Wolfgang Goethe. Sämtliche Werke. Briefe, Tagebücher und Gespräche. Vierzig Bände. Hrsg. von Hendrik Birus, Dieter Borchmeyer u.a. I. Abteilung: Sämtliche Werke. Bd. 1: Gedichte 1756-1799. Hrsg. von Karl Eibl. Frankfurt a. M.: Deutscher Klassiker Verlag 1987 (= Bibliothek deutscher Klassiker 18). S. 203-204.

Goethe, Johann Wolfgang von: Von deutscher Baukunst. In: Johann Wolfgang Goethe. Sämtliche Werke. Briefe, Tagebücher und Gespräche. Vierzig Bände. Hrsg. von Hendrik Birus, Dieter Borchmeyer u.a. I. Abteilung: Sämtliche Werke. Bd. 18: Ästhetische Schriften 1771-1805. Hrsg. von Friedmar Apel. Frankfurt a. M.: Deutscher Klassiker Verlag 1998 (= Bibliothek deutscher Klassiker 151). S. 110-118.

Herder, Johann Gottfried: Vom Erkennen und Empfinden der menschlichen Seele. Bemerkungen und Träume. In: Johann Gottfried Herder. Werke in zehn Bänden. Hrsg. von Günter Arnold, Martin Bollacher u.a. Bd. 4: Schriften zu Philosophie, Literatur, Kunst und Altertum 1774-1787. Hrsg. von Jürgen Brummack und Martin Bollacher. Frankfurt a. M.: Deutscher Klassiker Verlag 1994 (= Bibliothek deutscher Klassiker 105). S. 327-393.

Hoffmann, Ernst Amadeus Theodor: Das Fräulein von Scuderi. In: E.T.A. Hoffmann. Sämtliche Werke in sechs Bänden. Hrsg. von Hartmut Steinecke und Wulf Segebrecht unter Mitarbeit von Gerhard Allroggen u.a. Bd. 4: Die Serapions-Brüder. Hrsg. von Wulf Segebrecht unter Mitarbeit von Ursula Segebrecht. Frankfurt a. M.: Deutscher Klassiker Verlag 2001 (= Bibliothek deutscher Klassiker 175). S. 780-856.

Jean Paul: Vorschule der Ästhetik. In: Jean Paul. Werke. Hrsg. von Norbert Miller. Bd. 5. 5. Aufl. München: Hanser 1987. S. 7-456.

Kant, Immanuel: Beantwortung der Frage: Was ist Aufklärung? In: Immanuel Kant. Werke in sechs Bänden. Hrsg. von Wilhelm Weischedel. Bd. VI: Schriften zur Anthropologie, Geschichtsphilosophie, Politik und Pädagogik. Darmstadt: Wissenschaftliche Buchgesellschaft 1998. S. 51-61.

Kant, Immanuel: Kritik der Urteilskraft. In: Immanuel Kant. Werke in sechs Bänden. Hrsg. von Wilhelm Weischedl. Bd. V: Kritik der Urteilskraft und Schriften zur Naturphilosophie. Darmstadt: Wissenschaftliche Buchgesellschaft 1998. S. 233-620.

Lessing, Gotthold Ephraim: Hamburgische Dramaturgie. In: Gotthold Ephraim Lessing. Werke und Briefe in zwölf Bänden. Hrsg. von Wilfried Barner, Klaus Bohnen u.a. Bd. 6: Werke 1767-1769. Hrsg. von Klaus Bohnen. Frankfurt a. M.: Deutscher Klassiker Verlag 1985 (= Bibliothek deutscher Klassiker 6). S. 181-694.

Mann, Thomas: Der Tod in Venedig. In: Thomas Mann. Große kommentierte Frankfurter Ausgabe. Werke – Briefe – Tagebücher. Hrsg. von Heinrich Detering, Eckhard Heftrich u.a. Bd. 2.1: Frühe Erzählungen 1893-1912. Hrsg. von Terence Reed unter Mitarbeit von Malte Herwig. Frankfurt a. M.: Fischer 2004. S. 501-592.

Mann, Thomas: Doktor Faustus. Das Leben des deutschen Tonsetzers Adrian Leverkühn, erzählt von einem Freunde. In: Thomas Mann. Große kommentierte Frankfurter Ausgabe. Werke – Briefe – Tagebücher. Hrsg. von Heinrich Detering, Eckhard Heftrich u.a. Bd. 10.1. Hrsg. von Ruprecht Wimmer unter Mitarbeit von Stephan Stachorski. Frankfurt a. M.: Fischer 2007. S. 7-738.

Mann, Thomas: Mario und der Zauberer. Ein tragisches Reiseerlebnis. In: Thomas Mann. Gesammelte Werke in Einzelbänden. Frankfurter Ausgabe. Hrsg. von Peter de Mendelssohn. Bd.: Späte Erzählungen. Frankfurt a. M.: Fischer 1981. S. 186-240.

Nietzsche, Friedrich: Die Geburt der Tragödie. In: Nietzsche. Werke. Kritische Gesamtausgabe. Hrsg. von Giorgio Colli und Mazzino Montinari. 3. Abteilung. Bd. 1. Berlin: de Gruyter 1972. S. 3-152.

Nietzsche, Friedrich: Götzen-Dämmerung. In: Nietzsche. Werke. Kritische Gesamtausgabe. Hrsg. von Giorgio Colli und Mazzino Montinari. 6. Abteilung. Bd. 3. Berlin: de Gruyter 1969. S. 48-154.

Nietzsche, Friedrich: Richard Wagner in Bayreuth (Unzeitgemäße Betrachtungen IV). In: Nietzsche. Werke. Kritische Gesamtausgabe. Hrsg. von Giorgio Colli und Mazzino Montinari. 4. Abteilung. Bd. 1. Berlin: de Gruyter 1969. S. 1-82.

Nietzsche, Friedrich: Unzeitgemäße Betrachtungen I-III. In: Nietzsche: Werke. Kritische Gesamtausgabe. Hrsg. von Giorgio Colli und Mazzino Montinari. 3. Abteilung. Bd. 1. Berlin: de Gruyter 1969. S. 153-423.

Schneider, Robert: Schlafes Bruder. 30. Aufl. Stuttgart: Reclam 2007 (= RUB 20743).

Sulzer, Georg Johann: Allgemeine Theorie der schönen Künste. Bd. 2. 2. unveränd. Nachdr. d. Ausg. Leipzig 1792. Hildesheim: Olms 1994.

Süskind, Patrick: Das Parfum. Die Geschichte eines Mörders. Zürich: Diogenes 1994 (= Diogenes Taschenbuch 22800).

Süskind, Patrick: Drei Geschichten und eine Betrachtung. Zürich: Diogenes 2005 (= Diogenes Taschenbuch 23468).

Sekundärliteratur

Albersmeier, Franz-Josef: Einleitung: Von der Literatur zum Film. Zur Geschichte der Adaptionsproblematik. In: Literaturverfilmungen. Hrsg. von Franz-Josef Albersmeier und Volker Roloff. Frankfurt a. M.: Suhrkamp 1989 (= Suhrkamp-Taschenbuch 2093: Materialien). S. 15-37.

Arnheim: Rudolf: Film als Kunst. Mit einem Vorwort zur Neuausgabe. Frankfurt a. M.: Fischer 1979.

Baumgart, Reinhard: Postmoderne Literatur – auf deutsch? In: Roman oder Leben. Postmoderne in der deutschen Literatur. Hrsg. von Uwe Wittstock. Leipzig: Reclam 1994 (= Reclam-Bibliothek 1516). S. 135-145.

Bazin, André: Für ein unreines Kino. Plädoyer für die Literaturverfilmung. In: Bazin, André: Was ist Film? Hrsg. von Robert Fischer. Berlin: Alexander Verlag 2004. S. 110-138.

Bertram, Georg: Philosophie des Sturm und Drang. Eine Konstitution der Moderne. München: Fink 2000.

Bothe, Kathrin: Wörter – „Botschafter" unserer Sinne? „Olfaktorisches Schreiben" als „Vorspiel" zu Süskinds Roman. In: Der Deutschunterricht 48 (1996). S. 37-41.

Corbin, Alain: Pesthauch und Blütenduft. Eine Geschichte des Geruchs. Berlin: Wagenbach 2005.

Das Parfum. Das Buch zum Film. Hrsg. von Constantin Film. Zürich: Diogenes 2006.

Das Parfum. Filmheft – Materialien für den Unterricht. Hrsg. von Kultur-filiale Gillner und Conrad. www.parfum.film.de/pdf/parfum_filmheft.pdf (Aufgerufen am 15.01.20100).

Degler, Frank: Aisthetische Reduktionen. Analysen zu Patrick Süskinds ‚Der Kontrabaß‘, ‚Das Parfum‘ und ‚Rossini‘. Berlin: de Gruyter 2003 (= Quellen und Forschungen zur Literatur- und Kunstgeschichte 24 (258)).

Delseit, Wolfgang/Drost, Ralf: Patrick Süskind. Das Parfum. Stuttgart: Reclam 2000 (= RUB 16018: Erläuterungen und Dokumente).

Eco, Umberto: Nachschrift zum »Namen der Rose«. 9. Aufl. München: Hanser 1987.

Faulstich, Werner: Grundkurs Filmanalyse. 2. Aufl. Paderborn: Fink 2008 (= UTB 2341).

Fiedler, Leslie: Überquert die Grenze, schließt den Graben! In: Roman oder Leben. Postmoderne in der deutschen Literatur. Hrsg. von Uwe Wittstock. Leipzig: Reclam 1994 (= Reclam-Bibliothek 1516). S. 14-39.

Fleck, Christina Juliane: Genie und Wahrheit. Der Geniegedanke im Sturm und Drang. Marburg: Tectum 2006.

Förster, Nikolaus: Die Wiederkehr des Erzählens. Deutschsprachige Prosa der 80er und 90er Jahre. Darmstadt: Wissenschaftliche Buch-gesellschaft 1999.

Frizen, Werner: Das gute Buch für jedermann oder Verus Prometheus. Patrick Süskinds Das Parfum. In: DVjs 68 (1994). S. 757-786.

Frizen, Werner: Patrick Süskinds „postmoderne" Didaktik. In: Der Deutschunterricht 48 (1996). S. 26-31.

Frizen, Werner/Spancken, Marilies: Patrick Süskind. Das Parfum. 2. überarb. Aufl. München: Oldenbourg 1998 (= Oldenbourg Inter-pretationen 78).

Gast, Wolfgang: Film und Literatur. Analysen, Materialien, Unterrichts-vorschläge. Grundbuch. Einführung in die Begriffe und Methoden der Filmanalyse. Frankfurt a. M.: Diesterweg 1993.

Gast, Wolfgang/Hickethier, Knut/Vollmers, Burkard: Literaturverfil-mungen als ein Kulturphänomen. In: Literaturverfilmung. Hrsg. von Wolfgang Gast. Bamberg: Buchner 1993 (= Themen Texte Inter-pretationen 11). S. 12-20.

Gladziejewski, Claudia: Dramaturgie der Romanverfilmung. Systematik der praktischen Analyse und Versuch zur Theorie am Beispiel von vier Klassikern der Weltliteratur und ihren Verfilmungen. Alfeld: Coppi-Verlag 1998 (= Aufsätze zu Film und Fernsehen 63).

Goetsch, Paul: Thesen zum Vergleich von literarischen Werken und ihren Verfilmungen. In: Film und Literatur in Amerika. Hrsg. von Alfred Weber und Bettina Friedl. Darmstadt: Wiss. Buchgesellschaft 1988. S. 45-64.

Gottwald, Herwig: Mythos und Mythisches in der Gegenwartsliteratur. Studien zu Christoph Ransmayr, Peter Handke, Botho Strauß, George Steiner, Patrick Roth und Robert Schneider. Stuttgart: Heinz 1996 (= Stuttgarter Arbeiten zur Germanistik 333).

Gray, Richard T.: The Dialectic of "Enscentment": Patrick Süskind's Das Parfum as Critical History of Enlightenment Culture. In: PMLA 108 (1993). S. 489-505.

Hallet, Wolfgang: Das Genie als Mörder. Über Patrick Süskinds «Das Parfum». In: Literatur für Leser 12 (1989). S. 275-288.

Hickethier, Knut: Film- und Fernsehanalyse. 3. Aufl. Stuttgart: Metzler 2001 (= Sammlung Metzler 277).

Hoesterey, Ingeborg: Verschlungene Schriftzeichen. Intertextualität von Literatur und Kunst in der Moderne/Postmoderne. Frankfurt a. M.: Athenäum 1988 (= Athenäums Monografien: Literaturwissenschaft 92).

Hoffmann, Dieter: Arbeitsbuch Deutschsprachige Prosa seit 1945. Bd. 2: Von der Neuen Subjektivität zur Pop-Literatur. Tübingen: Francke 2006 (= UTB 2730).

Hurst, Matthias: Erzählsituationen in Literatur und Film. Ein Modell zur vergleichenden Analyse von literarischen Texten und filmischen Adaptionen. Tübingen: Niemeyer 1996 (= Medien in Forschung + Unterricht; Serie A; 40).

Iser, Wolfgang: Der Akt des Lesens. Theorie ästhetischer Wirkung. 4. Aufl. München: Fink 1994 (= Uni-Taschenbücher 636).

Jacobs, Jürgen/Krause, Markus: Der deutsche Bildungsroman. Gattungsgeschichte vom 18. bis zum 20. Jahrhundert. München: Beck 1989 (= Arbeitsbücher zur Literaturgeschichte).

Jacobson, Manfred R.: Patrick Süskind's "Das Parfum": A Postmodern Künstlerroman. In: GQu 65 (1992). S. 201-211.

Jeremias, Brigitte: Wie weit kann sich Film von Literatur entfernen? In: Film und Literatur. Literarische Texte und der neue deutsche Film. Hrsg. von Sigrid Bauschinger, Susan L. Cocalis und Henry A. Lea. Bern: Francke 1984 (= Amherster Kolloquium zur deutschen Literatur 13). S. 9-17.

Jütte, Robert: Geschichte der Sinne. Von der Antike bis zum Cyberspace. München: Beck 2000.

Kasper, Josef: Die Nase als Nabel der Welt. Erkundungen und Reflexionen im Universum des Olfaktorischen. In: Der Deutschunterricht 48 (1996). S. 42-48.

Kebeck, Günther: Wahrnehmung. Theorien, Methoden und Forschungsergebnisse der Wahrnehmungspsychologie. 2. Aufl. Weinheim: Juventa 1997 (= Grundtexte Psychologie).

Kissler, Alexander/Leimbach, Carsten: Alles über Patrick Süskinds Das Parfum. Der Film. Das Buch. Der Autor. München: Heyne 2006.

Klingmann, Ulrich: Sprache und Sprachlosigkeit: Zur Deutung von Welt, Schicksal und Liebe in Robert Schneiders "Schlafes Bruder". In: Deutschsprachige Gegenwartsliteratur. Hrsg. von Hans-Jörg Knobloch und Helmut Koopmann. Tübingen: Stauffenburg-Verlag 1997 (= Stauffenburg Colloquium 44). S. 205-221.

Körtner, Ulrich H. J.: Liebe, Schlaf und Tod. Ein theologischer Versuch zu Robert Schneiders Roman Schlafes Bruder. In: Über »Schlafes Bruder«. Materialien zu Robert Schneiders Roman. Hrsg. von Rainer Moritz. 3. Aufl. Stuttgart: Reclam 1998 (= RUB 1559). S. 92-100.

Kracauer, Siegfried: Theorie des Films. Die Errettung der äußeren Wirklichkeit. Hrsg. von Karsten Witte. Frankfurt a. M.: Suhrkamp 1985 (= Suhrkamp-Taschenbuch Wissenschaft 546).

Kruse, Bernhard Arnold: Interview mit Robert Schneider. In: Der Deutschunterricht 48 (1996). S. 93-101.

Landa, Jutta: Robert Schneiders Schlafes Bruder: Dorfchronik aus Kalkül? In: Modern Austrian Literature 29 (1996). S. 157-168.

Lexikon der Psychologie in fünf Bänden. Hrsg. von Gerd Wenninger. Bd. 2. Heidelberg: Spektrum 2001.

Liebrand, Claudia: Frauenmord für die Kunst. Eine feministische Lesart. In: Der Deutschunterricht 48 (1996). S. 22-25.

Lueken, Verena: ›Das Parfum‹ - vom Buch zum Film. In: Das Parfum. Das Buch zum Film. Hrsg. von Constantin Film. Zürich: Diogenes 2006. S. 7-18.

Lyotard, Jean-François: Das postmoderne Wissen. Ein Bericht. Hrsg. von Peter Engelmann. 3. Aufl. Wien: Passagen-Verlag 1994 (= Edition Passagen 7).

Mayer, Gerhart: Der deutsche Bildungsroman. Von der Aufklärung bis zur Gegenwart. Stuttgart: Metzler 1992.

Moritz, Rainer: Nichts Halbherziges. Schlafes Bruder: Das (Un-) Erklärliche eines Erfolges. In: Über »Schlafes Bruder«. Materialien zu Robert Schneiders Roman. Hrsg. von Rainer Moritz. 3. Aufl. Stuttgart: Reclam 1998 (= RUB 1559). S. 11-29.

Morris, Edwin: Düfte. Die Kulturgeschichte des Parfums. Düsseldorf: Patmos 2006.

Mundt, Michaela: Transformationsanalyse. Methodologische Probleme der Literaturverfilmung. Tübingen: Niemeyer 1994 (= Medien in Forschung + Unterricht; Serie A; 37).

Neumann, Gerhard: Patrick Süskind: „Das Parfum". Kulturkrise und Bildungsroman. In: Signaturen der Gegenwartsliteratur. Festschrift für Walter Hinderer. Hrsg. von Dieter Borchmeyer. Würzburg: Königshausen & Neumann 1999. S. 185-211.

Norton, Robert: "Schlafes Bruder – Sinnes Schwund": Robert Schneider and the Post-Postmodern Novel. In: Signaturen der Gegenwartsliteratur. Festschrift für Walter Hinderer. Hrsg. von Dieter Borchmeyer. Würzburg: Königshausen & Neumann 1999. S. 239-246.

Ortheil, Hanns-Josef: Was ist postmoderne Literatur? In: Roman oder Leben. Postmoderne in der deutschen Literatur. Hrsg. von Uwe Wittstock. Leipzig: Reclam 1994 (= Reclam-Bibliothek 1516). S. 125-134.

Paech, Anne: Das Aroma des Kinos. Filme mit der Nase gesehen: Vom Geruchsfilm und Düften und Lüften im Kino. http://www.uni-konstanz.de/FuF/Philo/LitWiss/MedienWiss/Texte/duft.html (Aufgerufen am 15.01.2010).

Paech, Joachim: Literaturwissenschaft und/oder Filmwissenschaft? In: Methodenprobleme der Analyse verfilmter Literatur. Hrsg. von Joachim Paech. 2. überarb. Aufl. Münster: Nodus-Publikationen 1988. S. 11-20.

Pokern, Ulrich: Der Kritiker als Zirku(lation)sagent. Literaturkritik am Beispiel von Patrick Süskinds »Das Parfum. Die Geschichte eines Mörders«. In: Text + Kritik 100 (1988). S. 70-76.

Polt-Heinzl, Evelyne: Robert Schneider: Schlafes Bruder. In: Romane des 20. Jahrhunderts. Bd. 3. Stuttgart: Reclam 2003 (= RUB 17522: Interpretationen). S. 260-273.

Poppe, Sandra: Visualität in Literatur und Film. Eine medienkomparatistische Untersuchung moderner Erzähltexte und ihrer Verfilmungen. Göttingen: Vandenhoeck & Ruprecht 2007 (= Palaestra 327).

Pressedossier. Patrick Süskind. Hrsg. von Presseabteilung Diogenes. Zürich: Diogenes 2008.

Rajewsky, Irina O.: Intermedialität. Tübingen: Francke 2002 (= UTB 2261).

Reif, Monika: Film und Text. Zum Problem von Wahrnehmung und Vorstellung in Film und Literatur. Tübingen: Narr 1984 (Medienbibliothek, Serie B: Studien 5).

Ryan, Julia: Pastiche und Postmoderne. Patrick Süskinds Roman Das Parfum. In: Spätmoderne und Postmoderne. Beiträge zur deutschsprachigen Gegenwartsliteratur. Hrsg. von Paul Michael Lützeler. Frankfurt a. M.: Fischer 1991 (= Fischer Taschenbücher 10957). S. 91-103.

Sauder, Gehard: Empfindsamkeit. Bd. 1: Voraussetzungen und Elemente. Stuttgart: Metzler 1974.

Sauder, Gerhard: Geniekult im Sturm und Drang. In: Hansers Sozialgeschichte der deutschen Literatur vom 16. Jahrhundert bis zur Gegenwart. Hrsg. von Rolf Grimminger. Bd. 3: Deutsche Aufklärung bis zur Französischen Revolution 1680-1789. München: Hanser 1980. S. 327-340.

Scherf, Rainer: Der verführte Leser. Eine Interpretation von Patrick Süskinds "Das Parfum". Marburg: Tectum 2006.

Schlösser, Hermann: »Wie kein Meister vor oder nach ihm…« Die Einzigartigkeit des Komponisten Elias Alder. In: Über »Schlafes Bruder«. Materialien zu Robert Schneiders Roman. Hrsg. von Rainer Moritz. 3. Aufl. Stuttgart: Reclam 1998 (= RUB 1559). S. 79-91.

Schmidt, Christoph: Die Endzeit des Genies. Zur Problematik des ästhetischen Subjekts in der (Post-)Moderne. In: DVjs 69 (1995). S. 172-195.

Schmidt, Jochen: Die Geschichte des Genie-Gedankens in der deutschen Literatur, Philosophie und Politik 1750-1945. Bd. 1: Von der Aufklärung bis zum Idealismus. 3. verb. Aufl. Heidelberg: Winter 2004 (= Beiträge zur neueren Literaturgeschichte 210).

Schmidt, Jochen: Die Geschichte des Genie-Gedankens in der deutschen Literatur, Philosophie und Politik 1750-1945. Bd. 2: Von der Romantik bis zum Ende des Dritten Reichs. 3. verb. Aufl. Heidelberg: Winter 2004 (= Beiträge zur neueren Literaturgeschichte 210).

Schmidt, Johann: Bildersprache: über die Problematik von Literaturverfilmungen. In: Film und Literatur in Amerika. Hrsg. von Alfred Weber und Bettina Friedl. Darmstadt: Wiss. Buchgesellschaft 1988. S. 21-44.

Schneider, Irmela: Der verwandelte Text. Wege zu einer Theorie der Literaturverfilmung. Tübingen: Niemeyer 1981 (= Medien in Forschung + Unterricht; Serie A; 4).

Schneider, Norbert: Per aspera ad astra. In: Schlafes Bruder. Der Film. Mit einem Vorwort von Robert Schneider. Hrsg. von Joseph Vilsmaier. Leipzig: Kiepenheuer 1995. S. 52-59.

Schnell, Ralf: Geschichte der deutschsprachigen Literatur seit 1945. 2. überarb. und erw. Aufl. Stuttgart: Metzler 2003.

Selbmann, Rolf: Der deutsche Bildungsroman. 2. überarb. und erw. Aufl. Stuttgart: Metzler 1994 (= Sammlung Metzler 214).

Serres, Michel: Die fünf Sinne. Eine Philosophie der Gemenge und Gemische. Frankfurt a. M.: Suhrkamp 1998 (= suhrkamp taschenbuch wissenschaft 1389).

Sölkner, Martina: Über die Literaturverfilmung und ihren „künstlerischen Wert". In: Literatur im Film. Beispiele einer Medienbeziehung. Hrsg. von Stefan Neuhaus. Würzburg: Königshausen & Neumann 2008 (= Film - Medien - Diskurs 22). S. 49-62.

Stark, Günther: Süskinds ‚Parfum'. Im Kampf zwischen Eros und Liebe. Baden-Baden: German Univ. Press 2006.

Steets, Angelika: Schlafes Bruder. Interpretation. München: Oldenbourg 1999 (= Oldenbourg Interpretationen 69).

Steinig, Swenta: Patrick Süskind: Das Parfum. In: Romane des 20. Jahrhunderts. Bd. 3. Stuttgart: Reclam 2003 (= RUB 17522: Interpretationen). S. 157-174.

Steinig, Swenta: Postmoderne Phantasien über Macht und Ohnmacht der Kunst. Vergleichende Betrachtung von Süskinds Parfum und Ransmayers Letzte Welt. In: Literatur für Leser 20 (1997). S. 37-51.

Vilsmaier, Joseph: Regie, Kamera und Produktion. In: Schlafes Bruder. Der Film. Mit einem Vorwort von Robert Schneider. Hrsg. von Joseph Vilsmaier. Leipzig: Kiepenheuer 1995. S. 110-123.

Wallmann, Hermann: Wer liest, schläft nicht. Über den Anfang und das Ende von Schlafes Bruder. In: Über »Schlafes Bruder«. Materialien zu Robert Schneiders Roman. Hrsg. von Rainer Moritz. 3. Aufl. Stuttgart: Reclam 1998 (= RUB 1559). S. 36-40.

Weigand, Kurt: Einleitung. Rousseaus negative Historik. In: Jean-Jacques Rousseau. Schriften zur Kulturkritik. Hrsg. von Kurt Weigand. 4. erw. Aufl. Hamburg: Felix Meiner Verlag 1983 (= Philosophische Bibliothek 243). S. VII-LXXIX.

Weimar, Klaus: Genie. In: Reallexikon der deutschen Literaturwissenschaft. Neubearbeitung des Reallexikons der Literaturgeschichte. Hrsg. von Klaus Weimar, Harald Fricke, u.a. Bd. I. 3. Aufl. Berlin: de Gruyter 1997. S. 701-703.

Welsch, Wolfgang: Unsere postmoderne Moderne. 6. Aufl. Berlin: Akademie Verlag 2002 (= Acta humaniora. Schriften zur Kunstgeschichte und Philosophie).

Werner, Mark: Die Konzeption des Genies in Robert Schneiders Schlafes Bruder. Interpretation. Marburg: Tectum 2003 (= Diplomica 1).

Werner, Mark: Schlafes Bruder – eine Heiligenlegende? In: Über »Schlafes Bruder«. Materialien zu Robert Schneiders Roman. Hrsg. von Rainer Moritz. 3. Aufl. Stuttgart: Reclam 1998 (= RUB 1559). S. 100-123.

Whitinger, Raleigh G./Herzog, M.: Hoffmann's Das Fräulein von Scuderi and Süskind's Das Parfum: Elements of Homage in a Postmodernist Parody of a Romantic Artist Story. In: GQu 67 (1994). S. 222-234.

Wilczek, Reinhard: Zarathustras Wiederkehr. Die Nietzsche-Parodie in Patrick Süskinds Das Parfum. In: Wirkendes Wort 50 (2000). S. 248-255.

Willems, Gottfried: Anschaulichkeit. Zu Theorie und Geschichte der Wort-Bild-Beziehungen und des literarischen Darstellungsstils. Tübingen: Niemeyer 1989 (= Studien zur deutschen Literatur 103).

Willems, Gottfried: Die postmoderne Rekonstruktion des Erzählens und der Kriminalroman. Über den Darstellungsstil von Patrick Süskinds Das Parfum. In: Experimente mit dem Kriminalroman. Ein Erzählmodell in der deutschsprachigen Literatur des 20. Jahrhunderts. Hrsg. von Wolfgang Düsing. Frankfurt a. M.: Lang 1993 (= Studien zur Deutschen Literatur des 19. und 20. Jahrhunderts 21). S. 223-244.

Willems, Marianne: Wider die Kompensationsthese. Zur Funktion der Genieästhetik der Sturm-und-Drang-Bewegung. In: Euphorion 94 (2000). S. 1-41.

Wittstock, Uwe: Leselust. Wie unterhaltsam die die neue deutsche Literatur? Ein Essay. München: Luchterhand 1995.

Zeyringer, Klaus: Felders Stiefbruder oder Der verkleidete Erzähler. Robert Schneiders Dorf-Geschichte. In: Über »Schlafes Bruder«. Materialien zu Robert Schneiders Roman. Hrsg. von Rainer Moritz. 3. Aufl. Stuttgart: Reclam 1998 (= RUB 1559). S. 55-79.

Kritiken

Alt, Constanze: Zu viel Nase. Gespräch mit Prof. Gottfried Willems über die Leinwand-Version von Süskinds Parfum". In: Ostthüringer Zeitung (15.09.2006).

Doerry, Martin: Ein Splittern von Knochen. In: Der Spiegel (23.11.1992).

Fischer, Michael: Ein Stänkerer gegen die Deo-Zeit. In: Der Spiegel (04.03.1985).

Göttler, Fritz: Duftbilder in Fehlfarben. In: Süddeutsche Zeitung (13.09.2006).

Höbel, Wolfgang: Der Mörder und die Frauen. In: Der Spiegel (04.07.2005).

Jenny, Urs: Verlorene Liebesmüh. In: Der Spiegel (02.10.1995).

Körte, Peter: Immun gegen das Böse: „Das Parfum". In: Frankfurter Allgemeine Zeitung (13.09.2006).

Krämer-Badoni, Rudolf: Neuer Vampir für den Film? Patrick Süskinds Romangeschichte eines Mörders. In: Die Welt (16.02.1985).

Markham, James: Success of smell is sweet for new German novelist. In: Special to the New York Times (09.10.1986).

Matt, Beatrice von: Das Scheusal als Romanheld. Zum Roman "Das Parfum" von Patrick Süskind. In: Neue Züricher Zeitung (15.03.1985).

Matt, Beatrice von: Föhnstürme und Klangwetter. In: Neue Züricher Zeitung (20.10.1992).

Polanz, Antje: Der humanisierte Bösewicht. Eine analytische Betrachtung der Verfilmung des Weltbestsellers "Das Parfüm" von Patrick Süskind. In: literaturkritik.de (01.11.2006). http://www.literaturkritik.de/public/rezension.php?rez_id=10144&ausgabe=200611 (Aufgerufen am 15.01.2010).

Reich-Ranicki, Marcel: Des Mörders betörender Duft. Patrick Süskinds erstaunlicher Roman „Das Parfum". In: Frankfurter Allgemeine Zeitung, Literaturbeilage (02.03.1985).

Rodek, Hanns-Georg: „Das Parfum". In: Die Welt (12.09.2006).

Schneider, Christoph: Geniekult im Montafon. Joseph Vilsmaiers Verfilmung von «Schlafes Bruder». In: Neue Züricher Zeitung (13.10.1995).

Schütte, Wolfram: Parabel und Gedankenspiel. Patrick Süskinds erster Roman „Das Parfum". In: Frankfurter Rundschau (06.04.1985).

Seidel, Hans-Dieter: Komm, o Tod und führe mich nur fort. In: Frankfurter Allgemeine Zeitung (05.10.1995).

Stadelmaier, Gerhard: Lebens-Riechlauf eines Duftmörders. Patrick Süskinds Roman „Das Parfum – Die Geschichte eines Mörders". In: Die Zeit (15.03.1985).

Filme

Tykwer, Tom: Das Parfum. Die Geschichte eines Mörders. Produktion: Bernd Eichinger. Drehbuch: Andrew Birkin/ Bernd Eichinger/Tom Tykwer. Mit: Ben Wishaw, Alan Rickman, Raches Hurd-Wood, Dustin Hoffman, Karoline Herfurth, Corinna Harfouch, Jessica Schwarz, Birgit Minichmayr. Musik: Tom Tykwer/Johnny Klimek/Reinhold Heil. Constantin Film 2006.

Vilsmaier, Josef: Schlafes Bruder. Produktion: Perathon. Drehbuch: Robert Schneider. Mit: Andre Eisermann, Dana Vavrova, Ben Becker, Michael Mendl, Angelika Bartsch, Eva Mattes, Lena Stolze. Musik: Norbert Jürgen Schneider/Hubert von Goisern. Arthaus 1994.

Filmisches Material

Trüby, Larissa: Interviews. Andrew Birkin (Drehbuchautor). In: Das Parfum. Die Geschichte eines Mörders. Die Extras. Constantin Film 2006.

Trüby, Larissa: Interviews. Bernd Eichinger (Produzent). In: Das Parfum. Die Geschichte eines Mörders. Die Extras. Constantin Film 2006.

Trüby, Larissa: Interviews. Tom Tykwer (Regisseur). In: Das Parfum. Die Geschichte eines Mörders. Die Extras. Constantin Film 2006.

Trüby, Larissa: Making of. In: Das Parfum. Die Geschichte eines Mörders. Die Extras. Constantin Film 2006.

ABBILDUNGSVERZEICHNIS